발표의 신

「이 도서의 국립중앙도서관 출판예정도서목록(CIP)은 서지정보유통지원시스템 홈페이지(http://seoji.nl.go.kr)와 국가자료공동목록시스템(http://www.nl.go.kr/kolisnet)에서 이용하실 수 있습니다.(CIP제어번호: CIP2016030260)」

발표의 신

ⓒ박효정 · 임선경 2016

초판 1쇄 발행일 2016년 12월 26일

지은이 박효정 · 임선경
펴낸이 이정원

책임편집 선우미정
디자인 이재희
마케팅 나다연 · 이광호
경영지원 김은주 · 박소희
제작 송세언
관리 구법모 · 엄철용

펴낸곳 도서출판 들녘
등록일자 1987년 12월 12일
등록번호 10-156
주소 경기도 파주시 회동길 198번지
전화 편집부 031-955-7385 마케팅 031-955-7378
팩시밀리 031-955-7393
홈페이지 www.ddd21.co.kr
페이스북 www.facebook.com/bluefield198

ISBN 979-11-5925-219-8(13370)

값은 뒤표지에 있습니다. 파본은 구입하신 곳에서 바꿔드립니다.

우리 아이를
프레젠테이션 스타로 만들어주는

발표의 신

박효정 · 임선경 지음

푸른들녘

저자의 말

2016년 봄, 우리나라 교원들을 모시고 핀란드의 한 중등학교를 방문했습니다. 자유로운 환경, 선생님들의 소탈하고 격의 없는 모습, 창의성을 높여주는 체계적인 학습 설계 등 핀란드 학교의 모습은 제가 상상했던 데서 크게 벗어나지 않았어요. 그중 가장 부러웠던 점은 학생들이 자유롭고 당당하게 자신의 의견을 발표하는 모습이었습니다. 핀란드 학생들은 누군가 새로운 사람이 왔다고 해서 긴장하거나 주눅 들거나 불편해 하지 않았어요. 그저 자신들이 생각하는 자기 학교의 좋은 점, 힘든 점, 그리고 그런 점들을 어떻게 강화하거나 극복해나가는지 아주 솔직하고 편안하게 이야기할 뿐이었습니다. 말하는 사람이 편안하니 듣는 사람들도 이야기에 집중할 수 있었고, 덕분에 다양한 질문을 마음껏 던질 수 있었지요.

저는 이 같은 자연스러운 말하기 문화나 발표 문화가 하루 이틀에 이루어진 게 아니라고 생각합니다. 어린 시절부터 "너의 생각은 어때?"라는 질문을 많이 받고, 자기 의견을 허심탄회하게 주고받는 기회가 많았기에 핀란드 아이들은 이런 일들이 특별한 게 아니라고 느끼며 생활했을 테지요.

이제 발표 수업은 우리나라 학교에서도 매우 중요한 영역이 되었습니다. 요즘은 정말 많은 학생들이 수없이 많은 발표 무대에 섭니다. 중고등학교 생활을 강조하는 쪽으로 대입 전형이 무게 중심을 옮겼고, 학교 현장에 자유학기제를 도입하면서 조별 프로젝트나 동아리 프로젝트가 많아진 덕분입니다. 그렇지만 아쉬운 점도 많아요. 발표 과제는 많아졌지만 '발표 잘하는 법'을 가르쳐주거나 훈련시키는 시간은 거의 전무하거든요. 따라서 훌륭한 콘텐츠를 가지고 있으면서도 제대로 표현하고 전달하는 방법을 알지 못해서 우왕좌왕하는 사람들도 많이 보았습니다. 그때 느낀 안타까움이 이 책을 쓰게 된 첫 번째 동기랍니다.

저는 전국의 많은 기업과 학교를 다니며 강의와 코칭을 하고 있습니다. 토론과 회의가 원활하게 되도록 조정하고 끌어주는 역할도 하고, 좀 더 나은 발표를 하고 싶어서 노력하는 사람들을 돕고 있는데요. 그 와중에 느낀 점과 경험, 그리고 노하우를 되도록 쉽고 명확하게 전달하여 대중 앞에만 서면 떨려서 입이 붙어버린다는 사람도 당당하게 자신의 생각을 펼칠 수 있도록 돕고 싶었습니다. 특히 "또 프로젝트 수업이야?" 하면서 한숨을 푹푹 쉬는 친구들에게 어떻게든 도움을 주고 싶었어요. 이것이 책을 집필하게 된 두 번째 동기입니다.

물론 그 과정에서 저 역시 많은 도움을 받았습니다. 책의 기획에서 마지막 마무리까지 꼼꼼하게 조언을 아끼지 않았던 삼성 SDS의 최석균님, 성신여자중학교 위효승 선생님, 청소년들에게 꼭 필요한 책이라며 출판을 흔쾌히 결정해주신 푸른들녘의 선우미정 주간님께 마음을 다해 감사드려요. 임선경 작가님과 함께한 협업의 시간은 즐거웠고, 의미 있었으며, 감사한 순간이었습니다. 모쪼록 이 책이 '발표 수업'을 준비하는 많은 학생들과 그들을 지도하는 부모님, 그리고 선생님들에게 듬직한 나침반이 되었으면 좋겠습니다.

박효정

아이가 둘 있습니다. 큰아이는 고등학생, 둘째는 중학생입니다. 아이가 자람에 따라 관심사도 계속 변했습니다. 아니, 관심사가 변하는 것 이상으로 저를 둘러싼 세상이 변하는 느낌이 들었어요. 아이가 어릴 때는 온 세상이 수두니 홍역이니 수족구니 하는 병균들로 가득 찬 곳처럼 느껴지더니 좀 더 자라 학교에 갈 나이가 되자 세상의 모든 문제점이 학교에 몽땅 모여 있는 것처럼 느껴졌지요. 아이가 학교에 다니는 일 자체가 대견한 동시에 불안한 일로 다가오기도 했습니다.

아이가 막상 학교에 다니게 되자 학교라는 곳이 예전과 많이 달라졌음을 알 수 있었어요. 아니, 학교가 달라졌다기보다는 수업이 달라졌다는 것을 알게 되었습니다. 아이는 늘 모둠으로 무언가를 했어요. 책걸상 자체도 일렬이 아니라 소규모로 동그랗게 배치되어 있었고, 학부모 공개수업에 가보면 수업은 소란하고 어지럽지만 교사보다는 아이들이 더 많이 말을 하고 있었지요. 요즘 아이들은 거침이 없었습니다. 선생님과 눈이 마주칠까 봐 고개만 푹 숙이고 있던 부모 세대와 달리 아이들은 발표할 기회를 얻기 위해 적극적이었어요. 수줍음 많고 내성적인 제 아이가 돋보일 리 없는 환경이라 저는 내심 안타까웠습니다.

발표 전문가인 박효정 선생님과 함께 이 책을 준비하면서 저도 많이 배우고 느꼈습니다. 발표는 재능이 아니라 훈련이라는 것, 타고난 성격이 아니라 학습이라는 것, 곁에서 조금만 도와주고 가르쳐주면 되는 일이라는 것을 말입니다. 발표를 두려워하는 아이를 다그칠 것이 아니라 발표의 기초를 가르치고 연습하도록 도와주면 그만이라는 것도요.

무언가 배운다는 것은 좋은 일입니다. 배우고 연습해서 익숙해지는 것은 참 신나는 일이잖아요? "난 발표를 못해"라고 말하는 아이에게 "배우면 되지"라고 말해줄 수 있어서 참 다행입니다.

이 책은 청소년과 대학생, 사회초년생, 그리고 그를 돕고 싶어하는 사람들 모두에게 도움이 될 것입니다. 학교뿐 아니라 직장과 동아리, 사회 곳곳 수없이 많은 발표 무대에서 이 책의 한 페이지가 든든한 뒷배가 되어주길 바랍니다.

임선경

차례

저자의 말 … 4

프롤로그_학교가 달라졌다 … 12

★민우네 학교 이야기 1
발표가 두려운 아이들
"아, 또 발표 수업이래!" … 16

1장 발표, 제대로 알아야 제대로 한다

발표는 목적이 있는 이야기다 … 20
발표란 무엇일까? | 발표에는 목적이 있다

발표를 튼튼히 받쳐주는 네 기둥 … 23
발표자 | 청중 | 메시지 | 발표 환경

좋은 발표인지 아닌지 결정하는 것은 듣는 사람의 몫이다 … 27
듣는 사람이 이해하기 쉬운 발표 | 전달하려는 핵심 메시지가 명확한 발표 | 내용과 흐름이 단순한 발표 | 이야기가 있는 발표

차근차근 밟아가는 발표의 3단계 … 32
발표를 기획하는 단계 | 발표 자료를 만드는 단계 | 실제 발표하는 단계

★민우네 학교 이야기 2
미로에서 길 찾기
"얘들아, 이쪽이야!" … 35

2장 논리적으로 탄탄한 발표를 기획하자!

아이디어 정리법: 브레인스토밍과 마인드맵 … 50

브레인스토밍(Brainstorming) | 마인드맵(Mind Map)

설계도를 그리자 … 56

명확하고 구체적인 발표 주제 잡기 | 발표 계획서 작성하기 | Why-What-How 틀을 활용하여 논리적 흐름을 잡아라

> ★민우네 학교 이야기 3
> 자료의 바다에 풍덩
> "조사하면 다 나와!" … 63

효율적으로 자료 조사하기 … 80

자료 조사의 방법 | 1차 자료조사 | 2차 자료 조사 | 이미지 자료 | 출처 밝히기

> ★민우네 학교 이야기 4
> 처음 가본 길이 익숙하다?
> "네비게이션 온!" … 94

발표의 네비게이션 '스토리보드' 만들기 … 100

스토리보드란? | 스토리보드로 전체 흐름 잡기

> ★민우네 학교 이야기 5
> 신나는 PPT 놀이
> "핵심을 보여줄게!" … 104

3장 한눈에 쏙 들어오는 발표자료 만들기

한눈에 쏙 들어오는 자료를 만들 때 기억해야 할 세 가지 … 120

신뢰할 수 있는 내용 구성 | 구체적이고 생생한 표현 | 단순한 화면 구성과 핵심 메시지 강조

본격적으로 발표 자료를 만들어보자 … 124

발표용 프로그램 PPT 이용하기 | 발표 자료의 스타일, 템플릿 정하기 | 꽂히는 제목 정하기 | 한눈에 쏙 들어오는 목차 만들기 | 발표의 쉼표, 간지 페이지 | 깔끔하고 보기 편한 레이아웃 | 글자 크기와 색깔 선택 | 의미를 담은 이미지 | 복잡한 숫자는 그래프로 | 타이밍이 중요한 동영상

> ★민우네 학교 이야기 6
> 연습 또 연습
> "발표 대본이 잠꼬대로 나와요!" … 140

4장 신나는 발표, 즐기는 발표를 위하여

말하듯 자연스러운 발표 대본 만들기 … 158

키워드 중심의 현장 대본 만들기 … 160

반복된 연습으로 무대를 내 것으로 … 161

발표에 적합한 목소리를 점검하자 | 손동작, 눈 맞춤, 몸의 움직임도 연습하자

실제처럼 리허설 하기 … 169

리허설은 어떻게 하는 것이 좋을까? | 발표 모습을 모니터하라 | 피드백은 이렇게 주고받는다 | 시간을 체크한다 | 팀 킬을 방지하라

질의-응답도 발표의 일부다 … 173

예상 질문을 뽑는다 | 질문에 대해 감사를 표하라 | 답변에도 전략이 필요하다 | 질의-응답이 끝나면 반드시 마무리 멘트를 하라

당당하고, 친근하게, 진심을 다해 발표하자 … 175

돌발 사태에 대비하자 | 질문에 응답할 수 없을 때

> ★민우네 학교 이야기 7
> 드디어 발표
> "우리의 무대를 즐기는 거야!" … 179

5장 발표의 신이 되는 다섯 가지 훈련법

잘 만든 광고카피, 헤드라인을 연구한다 … 184

아이디어를 수시로 메모한다 … 185

발표 잘하는 사람들을 관찰하고 따라 한다 … 187

나만의 발표 연장통을 챙겨라 … 189

평소에 말하기 연습을 꾸준히 한다 … 190

★민우네 학교 이야기 8
그 후의 이야기
"고맙습니다, 발표의 신!" … 192

에필로그_말솜씨가 아니라 진심과 전문성이다 … 197

부록 … 199

프롤로그 · 학교가 달라졌다

지금은 발표의 시대

교실이 달라졌다. 학생들이 조용히 앉아 교사가 말하는 내용을 받아 적고 그것을 달달 외워 시험을 치르던 교실 풍경은 이제 역사 속으로 사라졌다. 교실은 소란스러워졌다. 학생들은 말하고 의견을 나누고 토론하고 논쟁하고 발표한다. 수업의 주인은 교사가 아닌 학생이 되었다.

수업만 달라진 것이 아니다. 2016년 경기도의 한 중학교는 봄 소풍 기획을 학생들에게 맡겼다. 모둠을 나누어 소풍 장소와 프로그램, 예산까지 모든 것을 기획하고 준비하여 발표하게 했다. 결정은 투표로 했다. 가장 많은 득표를 한 모둠의 기획대로 1학년생 전체가 소풍을 갔다.

대학의 교실은 이제 프로젝트 룸과 같다. 교수는 과제를 부여하고, 그 과제를 잘 수행할 수 있도록 지원하는 지원자일 뿐, 학습의 과정도 그 결과도 학생이 책임진다. 한 학기 동안 부여된 과제를 위해 자료 수집과 분석, 조사, 토론이 진행되고 그 결과를 발표한다. 그리고 그 발표로 한 학기의 성취도를 평가 받는다.

기업체나 공공기관의 신입 지원자 면접 장소에서도 발표는 진행된다. 면접관은 지원자들에게 발표 과제를 주고 짧은 시간 동안, 얼마나 잘 준비해서 발표를 수행하는지 평가한다. 팀 별 과제도 주고 개인 과제도 준다. 취업의 성패가 발표에 달려 있다고 해도 과언이 아니다.

취업 후에도 발표와 평가는 계속된다. 회의에서 자신의 생각과 의견을 발표해야 하고 다른 회사나 고객들 앞에서는 우리 회사의 제품 또는 서비스를 발표를 통해 어필해야 한다. 발표 준비와 발표는 회사에서는 일상 업무다. "일을 잘한다"고 평가 받는 사람들의 공통된 역량이 바로 발표력이다. 발표력은 다른 능력들, 예컨대 외국어 능력이나 기술력 등을 넘어선다. 사회에서의 일이라는 것은 모두 상대방과의 소통을 통해 이루어지기 때문이다.

발표력이 경쟁력이다

학교에서도, 회사에서도, 사회에서도 이제 발표 능력은 그 사람의 경쟁력을 평가하는 중요한 잣대가 되었다. 정보나 지식이 경쟁력이던 시절에는 "그 사람이 얼마나 알고 있는가?"가 중요했다. 하지만 이제는 대부분의 정보와 지식을 공유할 수 있는 시대다. 지식과 정보는 어딘가에 공개되어 있고 네트워크의 발달로 거의 모든 사람이 그것에 접근할 수 있게 되었다. 지금은 그 지식을 자신의 것으로 재구성하고, 새로운 정보로 가공해서 상대방에게 얼마나 잘 전달하는가, 상대를 얼마나 잘 설득하는가 하는 것이 경쟁력이 되었다.

그렇기 때문에 청소년기에 학교에서 습득해야 할 내용도 바뀌고 있다. 지식을 배우고 익히는 것이 예전의 학교였다면 이제는 그 지식을 '어떻게 전달하는가'를 배우고 습득해야 하는 것이다. 자신의 생각을 여러 사람에게 설명하는 능력, 여러 사람을 설득하는 능력, 그리고 다른 사람들과 협상하는 능력 등을 자라나는 시기에 배우고 연습하고 익혀야 한다. 학교에서 발표 환경에 계속 노출되며 발표 과정을 배움으로써 발표력을 키워야 하는 것이다.

발표력은 훈련을 먹고 자란다

발표력은 타고나는 것일까? 말 잘하는 능력, 다른 사람들 앞에서 떨지 않는 능력, 지루하지 않게 핵심만 잘 전달하는 능력이 과연 그 사람의 성격에 달려 있을까? 원래 외향적이고 활달한 사람들만이 발표에 재능을 보이는 것일까?

발표 전문가, 실력 있는 프로 프레젠터들의 대답은 "NO"이다. 그들은 하나같이 말한다. 발표하는 능력은 자전거 타기나 수영과 같은 것이라고. 연습과 훈련을 반복하면 실력이 늘게 되어 있다고.

발표는 단순히 말을 잘하는 능력과는 다르다. 발표는 자신이 가지고 있는 정보를 상대방이 이해하기 쉽도록 재구성하고, 논리와 감성으로 설득력 있게 조직화한 내용을 말로 표현하는 것이다. 따라서 상대방이 이해하기 쉽게 내용을 구성하고 전달하는 연습, 상대방이 알아듣기 쉽게 이야기하는 연습, 많은 사람 앞에서 떨지 않고 편안하게 말할 수 있는 연습이 필요하다. 이러한 능력은 발표의 기초를 배우고 발표를 많이 하면 할수록, 다른 사람의 발표를 많이 보고 배우면 배울수록 점차 느는 능력이다.

두려운 발표에서 즐기는 발표로

이 책은 흰색 페이지와 연두색 페이지, 두 부분으로 이루어졌다.

흰색 페이지는 발표에 관한 핵심적인 내용을 설명한 것으로 부모님이나 선생님이 먼저 읽고 아이들에게 설명해주어도 좋고, 처음부터 아이들과 함께 읽어도 무방하다.

연두색 페이지에는 중학교 2학년 학생들이 실제 발표 프로젝트를 실행해나가는 과정을 소설 형식으로 구성해서 실었다. 주인공 네 명은 모두 발표에 익숙하지 않은 학생들이다. 초등학교 때부터 모둠 별 발표 수업을 접했지만 형식적으로 참여하거나 발표 잘하는 아이들 틈에 끼어서 그냥 머릿수만 채우는 역할만 했던 보통 아이들이다. 그렇지만 이들은 훌륭한 멘토를 만나 좋은 발표에 대해 배울 수 있었다. 제일 처음에 무엇을 해야 하는지, 매 단계마다 무엇을 준비해야 하는지, 또 무엇을 결정해야 하는지, 과정 중에서 가장 중요한 것은 무엇인지, 장애를 만났을 때는 어떻게 해야 하는지, 맨홀에 빠졌을 때는 어떻게 빠져나올 수 있는지 등을 배웠다. 때로는 수수께끼 같은 조언을 기초로 스스로 해결 방법을 찾아내면서. 그 결과 아이들은 첫째, 발표 내용을 기획하고, 둘째, 기획한 내용을 발표 자료로 만들고, 셋째, 그 자료를 기반으로 발표를 진행하는 세 단계를 성공적으로 해냈다.

다시 말하지만 발표는 재능이 아니라 훈련이다. 글쓰기를 배우려면 글을 많이 써야 한다. 춤을 배우려면 몸으로 열심히 춤을 추어야 한다. 발표도 마찬가지다. 기획부터 실행까지, 처음부터 끝까지 반복적으로 여러 번 발표해봐야 한다.

누구나 이 책의 주인공처럼 할 수 있다. 처음부터 하나씩 차근차근 단계를 밟아가다 보면 어느새 발표가 두렵지 않은 때가 올 것이다. 그 단계를 지나 연습과 훈련을 반복하면 학교에서나 사회에서나 누구보다 뛰어난 발표의 신으로 거듭나게 될 것이다.

두려운 발표에서 즐거운 발표로. 이제 출발해보자!

발표가 두려운 아이들 "아, 또 발표 수업이래!"

"우우우~~~"

애들이 소리를 질러댔다. 사회 선생님이 1학기 수행평가를 팀 별 프로젝트 수업으로 하겠다고 이야기한 탓이다. 네 명이 한 조가 되어 주제를 정하고 조사하고 발표 자료를 만들고 반 아이들 앞에서 발표하는 것까지! 발표 시간은 15분, 프로젝트 기간은 한 달이었다.

선생님이 나눠주신 종이에는 "우리 사회의 환경 문제는 무엇인지 찾아보고, 우리 주변(집, 학교, 지역사회)에서 개선할 수 있는 사항과 그에 대한 실천 방안을 제안해보기"라는 큰 주제가 쓰여 있었다.

큰 주제 외에는 무엇이든 자유롭게 하면 된다고 했다. 소주제를 무엇으로 정할 것인가와 각 조원 별로 어떻게 역할 분담을 할 것인가, 누가 조장이 될 것인가, 조 이름을 무엇으로 정할 것인가도 자유라고 했다. 자료 조사 방법, 즉 설문지를 작성해서 돌릴지, 전문가를 찾아가서 인터뷰를 할지, 인터넷이나 책을 찾아서 조사를 할지도 알아서 정하라고 했다. 처음부터 끝까지 다 알아서 하라는 말이나 마찬가지다.

민우는 한숨을 쉬었다. 발표 수업은 어렵다. 귀찮고 힘들다. 자료를 찾는 것도 힘들고 발표하는 것은 더더욱 힘들다. 무엇이든 '자유롭게' 하라고 하지만 경험에 의하면 그 '자유'라는 게 더 피곤한 일이다. 정해진 것이 없기 때문에 무엇을 '정하는' 일부터가 난관이다. 일단 같은 조원 애들하고 모이는 일부터가 어렵다. 학원에 가야 한다거나 다른 약속이 있다는 핑계로 제대로 모이려면 몇 번이나 시간 약속을 옮겨야 했다. 그래도 꼭 빠지는 애들이 있었지만.

민우는 특히 발표 수업에 약하다. 모두 앉아 있는데 그 앞에 혼자 서 있는 것 자체가 식은땀 나는 일 아닌가? 중학교에 올라오자 매 과목 수업마다 조사하여 발표하기가 빠지지 않고 들어갔고 그때마다 시간은 시간대로 들고 준비는 제대로 안 되고 조원들끼리 서로 짜증만 내는 일들이 반복되었다. 문제는 발표를 잘하고 싶어도 무엇부터 어떻게 시작해야 할지 누구에게 물어야 할지도 알 수 없다는 것이다.

발표를 잘하는 아이들은 이미 정해져 있었다. 성격이 활발하고 반 친구들에게 인기가 있고 성적도 좋은 그런 아이들이 발표도 잘했다. 민우는 그런 아이들이 부러웠다.

제비뽑기로 조가 결정되었다. 같은 조가 된 아이들을 보고 민우는 땅이 꺼져라 한숨을 쉬었다. 찬기, 예주, 빛나. 아무도 믿을 사람이 없었다. 그러니까 자기 혼자 알아서 자료도 찾고 자료도 만들고 발표도 나서서 할 만한 아이가 없다는 뜻이다. 다들 민우처럼 별로 존재감 없는 아이들이었다. 민우는 찬기랑 별로 친하지 않았고 빛나, 예주와도 말 한마디 제대로 나눠본 적 없었다. 친하지도 않은 아이들이랑 한 달 동안이나 프로젝트를 같이해야 하다니…. 선생님은 그런 민우의 걱정을 알 리가 없었다.

"자, 우선 오늘은 조 이름이랑 조장을 정하세요. 그리고 어떤 내용을 발표할 건지 빨리빨리 정해야 준비할 수 있는 시간이 더 많아지겠지?"

선생님이 나누어준 평가표를 보니 더 암담했다.

항목	내용	배점
발표 내용 (40점)	내용이 논리적인가?	10점
	내용이 효과적인가?	10점
	내용이 실현 가능한가?	10점
	내용이 창의적인가?	10점
발표 자료 (20점)	상대방이 알기 쉽게 만들었는가?	10점
	시각적 효과를 잘 살렸는가? (이미지, 도식화, 영상 활용 등)	10점
발표력 (30점)	발표 준비를 충실히 하였는가?	10점
	발표하고자 하는 내용 전달이 잘 되었는가?	10점
	청중과 상호 교감이 있었는가?	5점
	질의-응답을 잘 진행하였는가?	5점
규칙 준수 (10점)	조원 모두 프로젝트에 참여하였는가? (참여가 저조한 조원 감점)	5점
	일정을 잘 지켰는가? (발표 일정을 못 지킬 경우 감점)	5점
총 계		100점

▲ 평가 기준

세상에! 저 많은 평가 기준을 다 만족시킬 만큼 제대로 프로젝트를 해 낼 수 있을까? 답답함은 더욱더 커져만 갔다.

발표,
제대로 알아야 제대로 한다

1장

발표는 목적이 있는 이야기다

발표는 우리가 친구를 만나 이야기를 나누거나 가족과 대화하는 것과는 다르다. 듣는 이와 말하는 이가 있다는 점은 같지만, 목적과 방법에서 차이가 난다.

발표란 무엇일까?

금방 떠오르는 것은 수업 시간에 하는 발표다. 특정한 주제에 대해서 정해진 시간만큼 이야기하는 것이다. 그 외에 선생님의 질문에 대답을 하는 것도 발표다. 친구들 앞에서 자기소개를 하는 것도 발표다. 학생회장 선거에 나가서 연설을 하는 것도 발표다. 발표란 한마디로 "내가 가진 생각과 정보를 상대방에게 이야기하는 것"이라고 할 수 있다. 그런데 거기서 끝나는 걸까? 뭔가를 일방적으로 이야기하는 데서 끝난다면 왜 발표를 하는 걸까?

발표에는 목적이 있다

발표에는 확실한 목적이 있다. 나의 이야기를 듣고 나서 듣는 사람이 뭔가 변화해야 한다. 내 이야기를 듣고 잘 모르는 것을 알게 되었다든가, 내가 주장하는 것을 듣고 어떤 결정을 했다든가, 내게 투표를 하거나, 내가 파는 것을 산다거나, 내 말대로 행동을 바꿀 수 있어야 한다. 듣는 사람의 의사 결정과 행동의 변화를 가져오는 것이 발표다.

▲ 우리도 한번 해볼까?

　듣는 사람의 변화를 위한 발표의 목적을 세 가지로 나누어보면 설명, 설득, 재미로 정리된다. 세 가지 중 무엇에 가장 큰 비중을 두고 있는가에 따라 발표의 흐름이 달라진다.

설명이 목적일 경우

발표자가 설명하는 내용을 듣는 사람이 더 쉽게, 정확하게 이해할 수 있도록 하는 데 초점을 맞춘다. 우리나라의 다양한 지역 브랜드 사례 소개, 대학입시요강 설명 등은 설명이 목적인 발표다.

설득이 목적일 경우

발표하고자 하는 주제에 대한 나의 의견에 청중이 동의하고, 이끌리도록 하는 데 초점을 맞춘다. 예를 들어 "우리 지역 이미지를 높이고 홍보에도 도움이 되려면 지역 특성을 살린 브랜드를 만드는 것이 좋다"는 내용으로 발표한다면 설득이 목적이라 할 수 있다.

재미가 목적일 경우

재미를 주고, 즐길 수 있는 부분에 초점을 맞춘다. 봄 소풍 뒷이야기라는 주제로 봄 소풍에서 즐거웠던 일을 발표하는 경우라면 재미가 목적인 발표다.

발표를 튼튼히 받쳐주는 네 기둥

발표를 진행하는 발표자, 발표를 듣는 청중, 전달하고자 하는 메시지, 발표가 이루어지는 환경. 이것이 발표를 지탱하는 네 가지 기둥이다.

발표자 발표 내용, 청중, 환경에 대한 이해
청중 청중은 무엇을 원할까? 청중은 누구인가?
메시지 명확한 주제와 핵심 메시지
발표 환경 발표 장소, 시간, 자리 배치 등 전체 환경

▲ 발표의 네 가지 기둥

발표자

말 그대로 발표를 진행하는 사람이다. 혼자 할 수도 있고 그룹으로 할 수도 있다. 발표자가 발표의 질을 좌우하는 것은 당연한 일이다. 발표자는 무엇보다 자신에 대해 잘 알고 있어야 한다. 발표 내용에 대해 얼마나 알고 있는지, 정확하게 알고 있는 내용과 아직까지 잘 모르는 내용을 구별할 수 있어야 한다. 그래야 발표 범위를 정할 수 있다.

또한 내가 정확하게 하고 싶은 말이 무엇인지, 전달해야 할 핵심 내용이 무엇인지 스스로 잘 알고 있어야만 발표 도중에 길을 잃는 법이 없다. 말을 할 때, 나의 장점이 무엇인지 단점이 무엇인지도 잘 알고 있어야 한다. 그러면 장점은 살리고 단점은 고쳐서 좋은 발표를 할 수 있다.

발표자의 목소리와 말투, 몸짓도 발표에 영향을 준다. 그러나 이것 역시 타고난 것보다는 연습에 더 많이 좌우된다. 발표의 성패는 발표자의 능력에 달려 있지만 이 능력은 끊임없이 반복하고 훈련하고 연마하여 습득하는 기술과도 같다. 하면 할수록 실력이 느는 것이다.

청중

듣는 사람 없이 혼자 떠드는 것은 발표가 아니다. '듣는 사람이 누구냐' 하는 것이 발표의 수준과 형식을 결정한다. 사실 발표자가 '무엇을 이야기할까'보다 청중이 '무엇을 듣고 싶어 할까'가 더 중요하다. 무엇을 듣고 싶어 하는지 발표 내용에 대해 얼마나 알고 있는지, 내용에 얼마나 흥미가 있는지, 왜 이 발표를 들으러 왔는지 등을 발표자는 잘 알고 있어야 한다. 그리고 청중에 맞춘 발표를 기획해야 한다.

같은 주제로 발표하더라도 청중이 달라지면 중심 내용도 달라진다. A라는 책을 읽은 후 독후감을 발표하는 경우를 생각해보자. 서점에 모인 낯선 청중이라면 A라는 책의 주제와 핵심 내용들을 소개하는 것부터 시작해야 할 것이다. 그렇지만 다 같이 책을 읽은 반 친구들이 청중이라면 책의 내용 요약은 생략하고 나의 느낌과 깨달은 점에 집중하는 것이 좋을 것이다. 만일 어린 동생들이 내 발표를 듣는다면 발표 내용뿐만 아니라 쓰는 어휘, 발표 시간, 형식들도 다 수준에 맞게 조정해야 한다.

우리가 하는 발표는 대부분 반 친구들과 선생님을 대상으로 이루어진다. 하지만 다른 자리에서 발표할 기회가 생긴다면 청중의 나이, 성별, 이 발표를 듣는 이유, 발표 내용에 대해 아는 정도를 미리 파악해두자.

메시지

발표는 '누가', '누구에게', '무엇'을 전달하는 것이다. 이 '무엇'에 해당하는 것이 메시지다. 당연히 발표의 핵이다. 전하고자 하는 내용이 있으니까 발표하는 것이다. 그런데 메시지는 글을 써서 전할 수도 있고 마주앉아 개인적으로 이야기해줄 수도 있다.

그렇다면 '발표'라는 형식을 통해 전달하는 메시지는 어떤 특징을 가지고 있을까? 발표의 메시지는 '시청각적으로' 전달된다. 글을 읽는 것과는 다르다. 발표자는 청중이 이해하기 쉽도록 내용을 시각적인 이미지를 활용하여 효과적으로 보여줘야 한다. 그리고 그 내용을 간결하고 압축적인 언어로 설명해야 한다. 말하고자 하는 내용의 핵심을 최대한 인상 깊게 효과적으로 전달하는 것, 그것이 발표 메시지의 특징이다.

발표 환경

어디서, 언제, 어떤 도구를 활용해서 발표하는지, 그 환경 또한 중요한 요소이다. 발표 환경에 따라 발표의 기획부터 달라지기 때문이다. 무대가 있고 청중이 무대를 바라보며 앉아 있는 환경과, 야외에서 청중이 동그랗게 둘러앉아 있는 환경에서 하는 발표가 같을 수 없다.

마이크를 쓸 수 있는지 아닌지, 프로젝터를 통해 영상과 이미지를 볼 수 있는지 그렇지 않은지, 주변 소음이 있는 곳인지 아닌지, 청중이 앉아 있는지 서 있는지 등등처럼 모든 것이 다 발표에 영향을 주는 환경적인 요소다.

학생이라면 대부분 교실에서 발표하게 된다. 익숙한 교실이라 하더라도 발표자가 서는 위치나 프로젝터와 컴퓨터 사용 방법, 레이저 포인트 구비 여부 등 발표를 하는 데 필요한 모든 요소를 사전에 체크해야 한다. 발표를 망치는 주범은 대개 이처럼 아주 사소한 것들이기 때문이다.

발표 시간도 환경 요인에 속한다. 교실에서 이루어지는 발표는 통상 10분 내외로 진행된다. 모둠 발표의 경우는 10분에서 15분, 개별 발표의 경우 3분에서 5분 내외다. 발표 시간에 따라 발표의 수준과 범위가 달라질 수 있으므로 사전에 발표 시간을 체크하고, 그 시간에 맞게 발표 내용을 구성해야 한다. 발표하는 순서도 영향을 끼친다. 제일 처음에 발표하게 되는지 발표의 마지막을 장식하게 되는지도 고려해서 발표를 구상해보자.

좋은 발표인지 아닌지 결정하는 것은 듣는 사람의 몫이다

여러분도 친구들 또는 다른 사람들이 진행하는 발표를 많이 들어보았을 것이다. 그중 좋은 발표라고 생각했던 것이 무엇이었는지 생각해보자. D 중학교 학생들을 대상으로 인터뷰한 내용을 들어보자.

발표 잘하는 친구들을 보면 자신이 발표하는 내용을 정확하고 세세하게 알고 있다는 느낌이 들어요. 자료는 깔끔하고 간결하게 정리가 잘 되었고, 설명도 꼼꼼하게 잘하더라고요. 핵심을 잘 살리면서 너무 지저분하지 않은 게 이해하기 쉬웠고요. 그래프를 써서 도식화한 자료가 훨씬 깔끔하고 전문적으로 보였어요. 발표할 때 어려운 전문 용어를 많이 쓰면 이해하기 힘들어서 금방 지루해지는 것 같아요. 가장 좋은 발표는 주제를 정확하게 전달하면서 세부적인 내용을 이해할 수 있도록 쉽게 설명하는 것 아닐까요?

▲ D 중학교 3학년 학생의 인터뷰

여러분도 이 인터뷰의 내용에 동의하는가? 이번에는 다른 사람의 발표를 많이 듣고 평가하는 역할을 하는 전문가의 이야기를 들어보자.

'아, 이 발표는 참 괜찮다'고 느껴지는 경우는 발표의 흐름이 자연스러우면서도 논리적으로 잘 구성된 거예요. 논리적으로 구성된 자료를 이야기 들려주듯 다양한 사례를 들어 풍부하게 설명하는 거죠. 자료가 단순하더라도 '정말 시간을 들여 자료를 조사하고, 많은 데이터를 가지고 한 페이지씩 정성스럽게 만들었구나' 하는 생각이 들면 그 발표에 신뢰가 가지요. 덧붙여 발표자가 떨지 않고 편안하게, 그러면서도 조금은 겸손하고 진솔하게 발표를 진행한다면 성공적이라 할 수 있어요.

▲ S사 전략기획팀 부장 인터뷰

듣는 사람이 이해하기 쉬운 발표

좋은 발표란 첫째 듣는 사람이 이해하기 쉬워야 한다. 어려운 전문 용어로 복잡하게 이야기하지 말고 내용을 말하는 사람의 것으로 소화해서 최대한 쉽게 설명해야 한다.

지루하고 어려운 설명 ▼	쉬운 설명 ▼
다량 배출되는 물기만 닦은 핸드타월은 따로 모아 종이류 재활용품으로 배출합니다. 단, 이물질이 묻어 있을 경우 재활용이 안 되므로 일반 종량제 봉투에 버려야 합니다.	공공 화장실에서 주로 쓰이는 핸드 타월은 물 이외에 다른 이물질이 묻지 않았다면 재활용이 가능합니다. 물기만 묻은 핸드타월은 일반 종이류 재활용품 쓰레기통에 분리수거하면 됩니다. 하지만 물기 이외에 다른 이물질, 예를 들어 음식물 흘린 걸 닦았거나 코를 푼 경우라면 이 핸드타월은 종량제 봉투에 버려야 합니다.

위의 예처럼 쉬운 설명은 청중에게 편안하고 자연스럽게 말을 건네듯 하는 것이다. 또한 어려운 용어보다는 내 것으로 소화한 쉬운 용어로 설명함으로써 듣는 사람이 쉽게 받아들일 수 있도록 한다.

전달하려는 핵심 메시지가 명확한 발표

듣는 입장에서 가장 듣기 힘든 발표는 장황하고 초점이 없는 발표다. 발표자가 한참 이야기를 하고 발표가 끝났는데, '그래서 뭘 이야기한 거지?'라는 생각이 든다면 발표에 핵심 메시지가 없었다는 뜻이다.

핵심 메시지란 이 발표가 끝난 후 청중이 기억하기를 바라는 주요 내용이다. 발표가 끝난 후 "오늘 발표 내용이 무엇이었지?"라는 질문을 받았을 때 바로 머릿속에 떠오르는 그 메시지이다. 핵심 메시지를 전달하는 방법은 여러 가지인데 그중 가장 많이 활용되는 방법은 발표 초반에 그 메시지를 강력하게 언급하고, 발표를 마무리하면서 다시 강조하는 것이다.

예를 들어 학기 초에 자기소개를 한다고 치자. 여러 명의 학생들이 각자 3분 정도씩 자신을 소개하면 나중에는 누가 누구인지 기억이 가물가물해진다. 기억에 남기려면 핵심 메시지가 있어야 한다. 나에 대해 다 이야기하려는 욕심을 버리고 내가 정말 좋아하고 잘하는 것을 중심으로 나를 소개한다. 친구들에게도 그것에 대해 궁금할 때는 나를 찾아 달라고 이야기한다면 다른 건 다 잊어도 핵심 하나만은 기억할 것이다.

초점이 없는 발표 ▼	메시지가 명확한 발표 ▼
안녕하세요? 반갑습니다. 저는 이주연이라고 합니다. 저는 명지 초등학교를 졸업하고, 일산에서 살다가 이 학교에 입학하면서 서울로 이사를 왔습니다. 저는 피아노와 바이올린이 취미이고, 엄마랑 퍼즐 맞추는 것도 좋아합니다. 또 저보다 약한 사람들을 돕는 봉사활동을 하는 것도 좋아합니다. 수학보다는 영어랑 국어를 더 좋아하고요. 음… 여러분과 사이좋게 올 한 해 보냈으면 좋겠습니다. 우리 반 친구들 모두 즐겁고 친하게 지내요, 감사합니다.	안녕하세요? 저는 피아노와 바이올린 연주를 즐기며, 음악을 사랑하는 이주연이라고 합니다. 여러분은 기분이 좋거나 우울할 때 주로 어떤 활동을 하나요? 저는 기분 좋을 때, 우울할 때 제가 좋아하는 곡을 연주하거나 음악을 듣는 것을 좋아합니다. 또 학교 끝나고 자기 전에 퍼즐을 맞추면서 음악 듣는 시간이 하루 중에 제일 좋습니다. 혹시 좋은 음악을 추천 받고 싶으시면 저에게 이야기해주세요. 제가 부족하지만 열심히 골라드리겠습니다. 우리 반 친구들 한 해 동안 모두 즐겁고 친하게 지냈으면 좋겠습니다. 감사합니다.

내용과 흐름이 단순한 발표

준비가 부족한 발표는 발표 시간도 짧고 보여주는 슬라이드도 몇 장 안 될 것 같지만 사실은 그렇지 않다. 준비가 되어 있지 않을수록 이야기가 쓸데없이 늘어지는 경우가 많다. 단순하고, 명료하게 이야기하는 것보다 길고 복잡하게 이야기하는 것이 더 쉽기 때문이다. 발표자가 어떤 것을 알고만 있고 그것을 어떻게 전달할까에 대해 고민하고 준비하지 않았기 때문에 말이 길어지는 것이다.

준비가 잘된 발표는 핵심은 살아 있되 단순하다. 내가 많은 것을 알고 있고, 준비를 많이 했다는 것을 보여주고 싶어도 과감하게 과정은 삭제하고, 결론을 강하게 보여주자. 청중은 남의 이야기를 길게 듣고 싶어 하지 않는다.

과감하게 빼고 줄여서 핵심만 남은 발표가 청중의 관심과 사랑을 받게 마련이다. 발표 전문가들은 한 발표 안에서 세 개 이상의 이야기는 하지 말라고 강조한다.

이야기가 있는 발표

발표장에서 청중의 반응을 보면 어떤 이야기를 전하거나 사례를 들어 설명할 때 더 집중한다는 것을 알 수 있다. 단순히 정보만 나열하는 것보다는 이야기를 통해 정보를 전달하는 것이 듣는 사람의 관심을 더 많이 끌 수 있다.

우리나라 온 국민이 관심을 가졌던 2018년 평창올림픽 유치를 위한 김연아 선수의 발표*를 떠올려보자. 2011년 더반에서 이뤄진 김연아 선수의 발표는 약 3분 분량이었다. 2018년도 동계 올림픽이 우리나라 평창에서 열려야 한다는 점을 설득하기 위한 발표였다. 김연아 선수는 자신의 이야기로 발표를 시작했다. 올림픽의 꿈을 꾸기 시작한 어린 소녀에서 지금의 자신이 있기까지 많은 지원이 있었지만 여전히 우리나라의 많은 선수들은 지구의 반 바퀴를 돌아가야 훈련을 받을 수 있다는 점, 그래서 평창올림픽 유치를 통해 우리가 동계 올림픽을 위한 경기장을 세우게 된다면 더 많은 발전을 기대할 수 있다는 점을 강조했다. 김연아 선수 자신에 대한 이야기와 한국의 많은 선수들에 대한 이야기가 발표에 녹아 들어가자 평창에서 동계 올림픽이 개최되어야 한다는 주장이 더 설득력 있게 들렸다.

 발표에 이야기가 들어가면 주제가 좀 더 절실해지고 강조된다는 점을 기억하자. 사람들은 딱딱한 정보의 나열보다 이야기를 훨씬 좋아한다.

＊참조: 김연아 선수의 발표 자료 https://www.youtube.com/watch?v=6PueL-8_1RY

차근차근 밟아가는 발표의 3단계

대부분의 학생이 발표 프로젝트를 한 경험이 있다. 학생들은 조별로 이루어지는 프로젝트 수업을 어떻게 준비하고 있을까?

일단 모여서 발표 주제를 정하고, 자료 조사할 사람, 슬라이드 만들 사람, 발표할 사람을 나누어 정하고 헤어져요.

각자 맡은 과제를 해서 서로 메일로 보내요. 슬라이드 만들 게 많으면 몇 페이지씩 나눠요.

자료 조사하기로 한 친구가 자료를 보내주면 그걸 바탕으로 발표 슬라이드를 만들죠. 그냥 각자 알아서 해요.

▲ 프로젝트 수업 준비

그렇다면 발표를 준비하면서 느꼈던 어려움은 무엇일까?

여러 명이 슬라이드를 나누어서 만들다 보니 서로 연결이 잘 안 되는 경우가 많아요. 내용이 겹치기도 하고요.

전체적인 구성을 일관되게 하고는 싶은데 방법을 잘 모르겠어요. 돌아가면서 발표를 하는데 발표가 뚝뚝 끊어지는 느낌이에요.

▲ 발표 준비의 어려움

조별 프로젝트 수업을 해보면 조원 각자가 역할을 공평하게 나누기 위해 많은 에너지를 쓰는 모습을 볼 수 있다. 각자의 역할을 열심히 하는 것은 좋다. 그렇지만 '분업'에 신경 쓰다 보면 전체의 '통일성'에 문제가 생길 수 있다. 같은 조에서 준비한 하나의 발표가 아니라 여러 사람이 발표하는 것을 단순히 모아놓은 것처럼 느껴질 수도 있다는 뜻이다.

좋은 발표가 되려면 전체를 한꺼번에 보는 눈을 가져야 한다. 그러기 위해서는 주제 선정과 기획 단계, 즉 우리의 발표를 어떻게 전개할 것인가 하는 구성의 단계를 꼼꼼히 거쳐야 한다. 기획과 구성대로 발표 자료가 만들어지고 있는지 꼼꼼히 확인하고 수정하는 단계도 거쳐야 한다. 조원 전체가 하나의 발표가 이루어지는 '처음과 끝'을 모두 알고 있어야 한다. 그래야 분업과 협업이 동시에 가능하다.

발표는 흐름상 크게 세 가지 단계로 나눠볼 수 있다.

▲ 발표 진행의 3단계

발표를 기획하는 단계

이 단계에서는 발표 주제를 명확하게 선정하고, 그 주제를 풀어낼 논리적 구상을 한다. 관련된 자료를 조사하고, 발표의 전체 흐름을 정리해본다. 발표의 기획 단계는 우리가 집을 지을 때 설계도를 그리는 것에 비유할 수 있다. 설계도 없이 집을 짓는 경우는 없다. 어떤 집을 짓고 싶은가? 몇 명이 살 것인가? 어떤 콘셉트를 원하는가? 등을 고려하여 그에 맞는 설계를 한다. 발표 기획도 마찬가지다. 무엇을 이야기할 것인가? 그 이야기를 어떤 순서로 풀어나갈 것인가? 등을 구체적으로 정하는 것이 기획 단계이다.

발표 자료를 만드는 단계

발표 기획이 마무리되었다면 그에 맞추어 발표 자료를 만든다. 집을 짓는 단계로 비유하자면 설계도에 따라 실제로 집을 짓는 단계라 할 수 있다. 뼈대를 잘 세우고, 외부와 내부 디자인대로 집짓기를 완성하는 단계이다. 최대한 간결하고 인상 깊게, 지루하지 않게 만들어 듣는 사람이 집중할 수 있도록 한다.

실제 발표하는 단계

설계도를 잘 그리고 그 설계대로 제대로 집을 지었다면 이제 그 집을 마음껏 활용하면서 누릴 차례다. 편안하면서도 당당하게, 자신감 있게 발표하려면 반복적인 연습이 필수적이다.

미로에서 길 찾기 "얘들아, 이쪽이야!"

민우네 조는 그날 바로 첫 모임을 가졌다. 교실에서 모이려고 했지만 이미 다른 조의 아이들이 모임 중이어서 시끄러웠고, 학교 안에서는 마땅한 곳을 찾을 수가 없었다. 하는 수 없이 밖으로 나왔다. 다들 배가 고팠기 때문에 일단 뭐라도 먹을 수 있는 곳을 찾아보려고 학교 주변을 돌아봤다.

"어? 이런 데가 있었어?"

학교 후문에서 한 블록 더 들어간 곳이었다. 골목 모퉁이에 작은 분식집이 있었다. 간판은 따로 없고 유리문에 떡볶이·라면·김밥 등의 메뉴가 적혀 있었다. 슬쩍 들여다보니 테이블이 세 개만 있는 작은 가게였는데 손님은 아무도 없었다. 다들 처음 보는 곳이라고 했다. 학교 주변에 이런 분식점이 있으면 소문이 났을 텐데. 생긴 지 얼마 안 됐거나 아니면 음식 맛이 엉망이라 아무도 찾지 않는 가게인 모양이었.

하지만 회의할 수 있는 조용한 곳을 찾고 있었으므로 민우네는 일단 그 분식집으로 들어갔다. 주인아저씨가 반갑게 맞았다.

"어서 와 얘들아, 떡볶이 줄까?"

"네? 아… 네."

아저씨가 내준 떡볶이를 먹어보고 깜짝 놀랐다. 양도 많았지만 무척 맛 있었기 때문이다. 너무 달지도 않고 너무 맵지도 않고 하나 먹고 나면 또 먹고 싶어지는 그런 맛이었다. 모두 떡볶이 먹는 데 열중해서 왜 이곳에 왔는지는 잊어버렸다. 제일 먼저 포크를 놓은 것은 빛나였다.

"야, 빨리빨리 하자. 나 학원에 가야 돼."

떡볶이 먹던 아이들이 빛나를 뚱하게 쳐다봤다.

"뭘 빨리 해?"

"발표 준비. 모이기도 힘든데 오늘 다 정하자."

"뭐부터 정하지?"

"조 이름부터 정해야 되잖아."

"조장부터 정해야 되지 않나?"

"조장은 어떻게 정하는데?"

"조장을 어떻게 정할지부터 정하자."

"이러지 말고 회의할 거니까 사회 볼 사람부터 정하자."

"그럼 네가 사회 봐."

"내가 왜? 난 싫어. 조장이 보면 되잖아."

"조장을 아직 안 정했잖아."

어휴, 산 넘어 산이다. 이래서 애들하고 같이하는 발표 수업이 어렵다는 것이다.

일단 조장은 사다리타기로 정하기로 했다. 당첨된 사람은? 설마 했는데 그 설마가 현실이 되었다. 민우가 딱 걸린 것이다.

'하아, 정말.'

하지만 어쩔 수 없다.

"좋아, 조 이름부터 정하자."

하지만 생각대로 아이들은 비협조적이었다.

"이름이 꼭 있어야 돼?"

"조 이름 정하라고 했잖아."

"에이, 그냥 1조, 2조 그렇게 하지."

그 말에 동감이다. 이런 것을 정하는 것은 정말 귀찮은 일이다. 아이들은 다들 아무 말이 없다. 열심히 생각하는 척하지만 사실은 딴 생각 중일 수도 있다. 예주는 대놓고 스마트폰만 만지작거렸다. 별 수 없이 예주에게 싫은 소리가 나왔다.

"야, 조 이름 생각해보라고."

예주가 짜증스럽게 대답했다.

"생각해보고 있잖아. 뭐 좋은 게 있나 검색해보는 거야."

그때 찬기가 소리쳤다.

"젠타포스로 하자!"

빛나가 핀잔을 주었다.

"그게 뭐야? 장난하냐?"

"장난 아니야. 환경 전사 젠타포스 모르냐? 나 어렸을 때 TV에서 했다니까!"

그래, 그건 민우도 생각난다. 민우는 종이에 젠타포스라고 썼다. 빛나가 입을 삐죽거렸다.

"그걸 뭘 쓰냐?"

"써야지. 얘기 나온 것 중에서 골라야 되잖아."

"쓸 만한 걸 써야지. 장난처럼 말한 건데 뭘."

찬기는 기분이 상한 모양이었다.

"장난 아니라고! 그럼 네가 진짜 좋은 이름을 말해보든가."

"아이, 그냥 아무거나 해."

분위기가 냉각됐다. 모임 첫날부터 이런 식이라니. 앞으로 한 달을 어떻게 보낼지 앞이 캄캄한데 누군가의 목소리가 끼어들었다.

"이야! 너희들 되게 재미있는 거 하나 보다."

분식집 주인아저씨였다. 아저씨는 음료수 넉 잔을 쟁반에 들고 와서는 아이들 앞에 하나씩 놓아주었다.

"어? 우리 이거 안 시켰는데요?"

"서비스야. 그런데 너희들 뭐 하는 거야? 조별로 뭐 하기로 했니?"

"발표 수업이요. 프로젝트 수업이라나."

아저씨가 활짝 웃음을 지었다.

"오! 재미있겠다."

"재밌기는 뭐가 재밌어요? 조 이름 하나 정하는 것도 골치 아파 죽겠는데요."

민우가 입을 내밀고 대답했다. 조 이름 정하는 것부터 이렇게 어려우니 앞으로도 첩첩산중일 게 뻔했다.

"어려울 게 뭐가 있어? 아무 이야기나 막 하다 보면 좋은 이름이 튀어나올 텐데. 잘하려고 하면 절대 잘 안 돼. 아무거나 막 되는 대로 던지면 그중에 하나 걸리는 게 있는 거야. 어른들도 회의할 때 다 그렇게 하는데?"

어른들도? 어른들이 회의할 때도 이렇게 아무 말이나 하고 투덜대고 다

투고 그럴까?

"회사에서 신제품 이름 정하는 중요한 일 할 때도 처음에는 그냥 아무거나 막 생각나는 대로 던지거든. 너희들 브레인스토밍이라고 들어봤어?"

들어본 것도 같은데 긴가민가했다. 브레인이면 일단 뇌라는 이야기고 스토밍이면 폭풍?

아저씨가 설명했다.

"브레인스토밍은 머릿속에 있는 걸 그냥 마구 쏟아내는 거야. 토론은 논리가 있어야 하고 규칙이 많지만 이건 안 그래. 그냥 떠오르는 대로 아무거나. 엉뚱한 것도 괜찮고 뻔한 거여도 괜찮고. 되도록 많이. 제일 중요한 건 절대 남의 의견에 대해 토 달지 않아야 한다는 거야. 네가 낸 아이디어가 좋으니 나쁘니 그건 말도 안 된다느니 하면 말을 자유롭게 할 수가 없잖아. 브레인스토밍을 할 때 말이 안 되는 건 없어."

젠타포스라는 말을 했다가 구박 받은 찬기가 그것 보라는 듯 빛나를 쳐다봤다. 빛나는 모르는 척했다.

"그리고 종이에 써야지. 무조건 써야 돼. 일단 써놓고 나서 살펴봐야 뭐가 보여도 보여."

민우는 연필을 고쳐 잡았다. 아무 말이나 생각나는 건 뭐든…. 마음이 편해져서 그런지 아이들이 말을 꺼내기 시작했다.

"환경에 대한 조사를 하는 거니까 그에 관련된 이름이면 될 것 같아."

"그린이나 푸른 뭐 그런 말이 들어가면 좋겠어."

푸른, 맑은, 깨끗한, 온갖 좋은 말이 다 나왔다. 시냇가, 하늘, 숲, 네 명이니까 사총사, 넷이 함께, 더불어, 지킴이, 전사, 파수꾼, 지구별 용사 등의 의견도 있었다.

모두가 자기 얘기를 하자 민우도 떠오르는 대로 의견을 냈다. 아무도 말을 안 하고 있을 때는 얘기하기가 망설여졌는데 의견이 좋든 안 좋든 모두 그냥 떠오르는 생각을 툭툭 내뱉으니 얘기하기가 훨씬 쉬웠다.

그때 찬기가 말했다.

"도롱뇽 어때? 도롱뇽은 깨끗한 환경에서만 사니까."

도롱뇽? 사진에서는 본 적 있지만 실제로는 한 번도 본 적 없다. 깨끗한 환경에서만 산다는데 한 번도 본 적 없으니 우리 주변이 그만큼 많이 오염되어 있다는 건가? 도롱뇽이라고 쓰면서 민우는 개구리가 떠올랐다. 개구리라면 많이 봤다.

"개구리는 어떨까? 청개구리."

"말 안 듣는 청개구리?"

"그런 뜻도 있지만 통통 튄다는 뜻도 있고."

그때 인터넷 검색을 해보던 예주가 말했다.

"어? 환경학자나 자연과학자들이 환경지표 생물로 가장 우선하는 생물이 개구리래. 개구리가 살 수 없는 환경이면 어떤 생물도 살 수 없다는데?"

그래? 개구리가 그런 생물이라면 환경에 대한 발표 프로젝트 조 이름으로는 최적이라는 느낌이었다. 친구들도 같은 느낌이었던 모양이다. 모두 좋다고 했다.

"좋아, 우리 조 이름은 청개구리."

조 이름이 정해지자 뭔가 뿌듯한 느낌이 들었다. 겨우 조 이름 하나 정했다고 뿌듯하기까지? 곧 그 이유를 깨달았다.

 브레인스토밍이라는 것을 제대로 해본 것이다. 말문이 트인다고 해야 할까? 논리적으로 말해야 한다거나 기발한 아이디어를 내야 한다는 부담감을 없애고 나니 말하기가 편해졌다. 조장으로서 가지는 중압감도 조금 줄어든 느낌이었다.

 조장과 조 이름을 정했으니 다음으로는 '무엇을 발표할까'를 정해야 할 차례다.

 선생님이 내준 큰 주제를 다시 들여다봤다.

 "우리 사회의 환경 문제는 무엇인지 찾아보고, 우리 주변(집, 학교, 지역사회)에서 개선할 수 있는 사항과 그에 대한 실천 방안을 제안해보기"

 가장 눈에 띄는 단어는 환경, 그리고 개선과 실천 방안이다.

 그렇다면 '환경'이란 단어를 놓고 다시 브레인스토밍을 해보기로 했다.

 아저씨는 장사는 안 하는지 재밌다는 표정으로 우리를 계속 지켜보고 있었다.

 "청소! 청소가 환경미화잖아!"

 찬기가 또 소리쳤다.

 이번에는 아무도 찬기를 타박하지 않았다. 환경이라면 떠오르는 것은 무궁무진했다. 민우는 종이에 '청소'라고 적었다. 아이들의 뇌에서 온갖 것들이 폭풍처럼 쏟아졌다.

 "미세 먼지 때문에 저번에 우리 체육 못 했잖아. 이러다가 앞으로는 종일 실내에서만 살아야 할지도 몰라."

"지구가 점점 더워진대."
"맞아, 그래서 북극곰이 살 수 없대."
"우리 엄마는 샴푸를 너무 많이 쓰지 말라고 하던데?"
"생수도 공해 산업이라던데. 생수병이 다 플라스틱 쓰레기잖아!"

지구 온난화	멸종 되는 생물	쓰레기	화학약품
미세먼지	폭염	홍수	전염병
	가뭄		
해수면 상승		농약	대기오염
	물 오염		
	골프장	방사능오염	산을 깎아 만드는 도로

▲ 브레인스토밍

　지구온난화, 멸종되는 생물, 쓰레기, 미세 먼지, 폭염, 홍수, 가뭄, 해수면 상승, 대기 오염, 물 오염, 농약, 화학약품, 전염병, 방사능 오염, 골프장, 산을 깎아 만드는 도로, 기후 변화, 생물 다양성, 손실, 물 부족, 환경 오염 및 유독 화학물질에 의한 건강 영향….
　나온 이야기가 너무 많아서 다 적을 수가 없을 정도였다.
"너무 많잖아. 이걸 다 어떻게 해?"
"그중에서 골라야지. 우리랑 가장 관련 있는 걸로."
"우선 카테고리를 나눠."
　아저씨가 끼어들었다.
　카테고리? 비슷한 것, 하나로 묶을 수 있는 것을 묶는 것이다. 온난화나

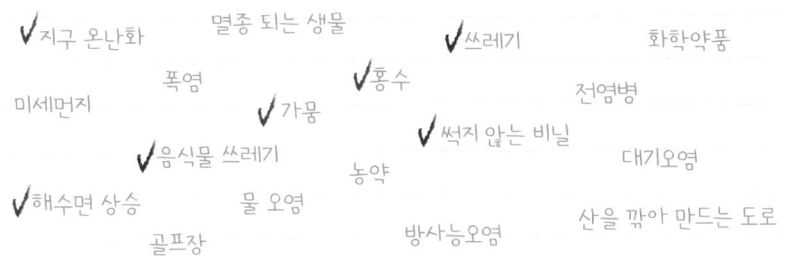

▲ 비슷한 것끼리 묶기

[기후문제]   [쓰레기]
지구 온난화   음식물 쓰레기
해수면 상승   썩지 않는 비닐
가뭄   페트병
홍수   1회용 쓰레기

▲ 큰 카테고리로 나누기

가뭄 홍수, 해수면 상승 빙하가 녹고 있다… 이런 것들은 기후 변화 쪽으로 묶고, 생수병과 썩지 않는 비닐, 지하수, 음식물 쓰레기 등은 쓰레기라는 큰 카테고리를 만들어서 그쪽으로 묶었다. 그러니 조금 정리가 되어 보였다.

이 중에서 어떤 이야기를 해야 할까?

모두 머리를 맞대고 민우가 정리한 노트를 들여다보고 있는데 예주가 말했다.

"기후 문제는 우리가 얘기하기에는 너무 큰 주제 아닌가? 가뭄 대비나 홍수 대비 같은 건 나라에서 하는 거니까. 도로 만들고 터널 뚫고 이런 것도 그렇고."

"미세 먼지나 화학제품 문제 같은 것도. 뭘 어떻게 해야 하는지 모르겠는데?"

"그러니까 중학생들이 학교에서 할 수 있는 걸 찾아야지."

"그럼 급식이나 교실 쓰레기 문제?"

"쓰레기!"

찬기가 갑자기 소리쳐서 모두 찬기를 쳐다봤다.

"쓰레기 좀 제발 어떻게 해야 돼. 뒷자리에 앉으면 냄새도 장난 아니라니까."

키가 커서 늘 뒷자리에 앉는 찬기가 불만을 토로했다. 쓰레기통에 종이부터 먼지, 우유통, 음료수병, 빵 조각, 과자 조각까지 다 섞여서 냄새 나고 지저분하고 오후가 되면 쓰레기통이 넘쳐 흐를 지경이라는 것이다.

"그래? 쓰레기가 그렇게 많아?"

"그렇다니까, 막상 청소 시간에는 봉지가 꽉 차서 쓰레기를 버릴 수도 없어."

빛나가 말했다.

"그래, 쓰레기는 우리가 당장 실천할 수 있는 문제니까."

"문제점을 말하는 것도 중요하지만 그래서 어떻게 하자는 게 더 중요하지 않아?"

"맞아, 너무 어려운 얘기를 하면 그냥 그런가 보다 좋은 얘기네 하고 끝나거든."

네 명이 일제히 고개를 끄덕였다. 민우가 정리했다.

"좋아, 그럼 우리 발표 주제는 우리 학교의 쓰레기를 줄이기 위한 실천 방법으로 잡자."

옆에서 다른 테이블을 행주로 닦고 있던 주인아저씨가 갑자기 짝짝 박수를 쳤다.

"좋아, 실천이라는 키워드를 잡은 건 아주 좋아."

민우는 '저 아저씨는 뭐지?' 하는 생각이 들었다. 분식집 주인아저씨가 아이들 회의하는 데 끼어드는 것도 이상하고 싱글벙글 신나 하는 것도 이상하게 보였다. 그러거나 말거나 아저씨는 잔뜩 신이 난 표정으로 말을 이어갔다.

"주제가 잡혔으면 계획서를 만들어봐. 계획서가 있느냐 없느냐는 건물 지을 때 설계도가 있느냐 없느냐와 같거든."

"계획서요?"

"누가, 언제, 어디서, 무엇을, 어떻게 왜, 그런 것 있잖아. 누가 언제까지 뭘 할지를 계획하는 거. 뭘 해야 하고 그러려면 몇 번 만나야 하고 그걸 계획해야 일도 분담하고 발표 때까지 스케줄도 짤 수 있잖아."

민우는 일단 '누가'라고 적었다. '언제, 어디서, 무엇을'까지는 쉬웠는데 '어떻게'에 이르자 다시 암담해졌다. 어떻게?

빛나가 말문을 열었다.

"일단 자료 조사를 해야지."

자료 조사는 혼자 할 수 없으므로 분야를 나누었다. 쓰레기 문제에 대한 현재 우리의 모습을 확실히 아는 것이 중요하므로 교실에서 실제로 어떻게 쓰레기가 버려지는지, 그 양은 평균 얼마나 되는지 조사하는 것은 찬기가 맡기로 했다. 반 친구들의 쓰레기에 대한 인식은 어떤지 조사하는 것은 설문지를 만들어 돌리기로 했고 그것은 예주와 빛나가 맡았다. 민우는 쓰레기의 전반적인 문제점을 인터넷으로 찾아보기로 했다.

"언제까지 해야 하는 거지?"

발표가 한 달 뒤였으므로 자료 조사 시간을 오래 끌 수는 없었다. 일단 일주일로 잡고 발표 자료를 만들면서 조사를 계속 보충하기로 했다. 발표 날짜부터 시간을 역순으로 계산해서 대략적인 스케줄도 잡았다. 역할 분담을 잘해놓으면 만나서 오래 회의하지 않아도 쉬는 시간이나 점심시간에 잠깐씩 확인만 하면 될 것 같았다.

발표 자료 만들기는 분량을 나누어서 같이하고, 실제 발표 역시 넷이 나누어서 하기로 했다. 어떤 부분을 누가 맡을 것인가는 나중에 천천히 정하기로 했다.

민우는 친구들과 의논한 내용을 표로 정리했다.

학년/반	2학년 2반	조 이름	청개구리(조장 홍민우)
발표 날짜	10월 20일 목요일 3교시		
발표 장소	교실		
발표 시간	15분		
발표 주제	우리 학교 쓰레기를 줄이기 위한 실천 방법		
발표 형식	PPT 슬라이드 발표		
발표 대상	2-2반 학생		
자료 조사	· 인터넷 검색 : 홍민우 · 설문 조사 : 이예주, 강빛나 · 교실 관찰 : 김찬기		
일정	· 1차 모임: 9.19 · 자료 조사 : 10. 2 · 발표 내용 구성하기 : 10.5까지 · 발표 자료 만들기 : 10.11까지 (각자 맡은 부분) · 발표 자료 모으고 수정하기: 10.15 · 발표 연습: 10. 19까지 · 발표: 10.20		

▲ 발표 계획서

정리된 계획서를 돌려 봤다.

"발표 자료 모아서 수정하는 날이랑, 연습하는 날은 오래 만나야 되니까 학원 시간이나 다른 약속이랑 겹치지 않게 미리 정해두자."

"그럼 주말에 만나야겠네."

"그래, 근데 어디서 만나지?"

"여기 좋네. 조용하고. 뭐 먹을 수도 있고."

찬기가 말했다. 아이들이 새삼스레 분식집 안을 둘러봤다. 여기 모여서 이야기하는 동안 다른 손님은 아무도 들어오지 않았다. 이렇게 장사가 안 되는데도 주인아저씨는 싱글벙글했다. 더구나 아이들 과제 이야기에 끼어들어 이러쿵저러쿵 하는 분식집 주인이라니.

'참 이상한 분식집이네'

그런 생각을 한 것은 민우만이 아니었다.

논리적으로
탄탄한 발표를 기획하자!

아이디어 정리법: 브레인스토밍과 마인드맵

친구들과 함께 과제를 진행하면서 아이디어를 모아야 할 때가 많다. 이때 아이디어를 모으는 데 효과적으로 활용할 수 있는 브레인스토밍과 마인드맵을 소개한다.

브레인스토밍(Brainstorming)

뭔가 생각을 끄집어내야 하는 막막한 상황을 앞에 두고 3~4명의 친구들이 모여 있을 때 사용하기 좋은 것으로, 아이디어 도출에 도움이 되는 방법이다. 브레인스토밍은 말 그대로 '브레인(뇌)+스톰(폭풍)'이다. 즉 생각이 폭풍처럼 쏟아져 나오도록 하는 과정이다.

▲ 거침없이, 생각나는 대로 이야기하기

브레인스토밍은 아주 간단하다. 어떤 주제에 대해 아이디어를 내기로 했다면 그것에 대해 생각나는 대로 계속 이야기하는 것이다. 칠판이나 큰 노트를 가운데 놓고 이야기하는 것을 계속 적어나가면 된다.

브레인스토밍의 두 가지 원리

- 판단하지 말 것: 브레인스토밍을 할 때에는 너의 의견이 '옳다 그르다', 혹은 '맞다 틀리다'고 판단하면 안 된다. 모든 사람에게 다 발언권이 있고, 발언한 내용은 모두 기록한다.
- 가능한 한 많은 아이디어를 낼 것: 생각나는 것을 모두 말해서 가능한 한 많은 생각들이 나올 수 있도록 한다.

브레인스토밍의 네 가지 규칙

- 무조건 많은 아이디어를 낸다: 아이디어가 많을수록 더 좋은 아이디어가 나올 확률이 높아진다.
- 상대방의 의견을 비판하거나 비난하지 않는다: 비판적 생각은 뒤로 미루고 일단 브레인스토밍 단계에서는 많은 아이디어를 도출해내는 것을 목표로 한다.
- 엉뚱한 아이디어도 환영한다: 상식적으로 말이 되지 않는다고 생각하는 것도 일단 받아들인다.
- 아이디어와 아이디어의 결합을 환영한다: 다양한 아이디어들을 서로 연결하면 더 나은 아이디어가 나올 수 있다.

```
[ 놀이동산 종류 ]        [ 박물관 같은 곳 ]      [ 공 원 ]
에버랜드(멀다)           국립박물관 ✓          올림픽 공원 ✓
자연농원                시립미술관            호수 공원
어린이대공원 ✓           과학박물관            상암월드컵 공원
롯데월드 ✓                                   광나루 공원
용마랜드                                     국립박물관 공원 ✓
```

▲ 소풍 장소를 정하는 브레인스토밍

아이디어를 내야 할 때 브레인스토밍만이 정답은 아니다. 예를 들어 우리 학교에서 쓰레기 분리 수거를 잘하기 위한 방법을 찾을 때에는 브레인스토밍이 좋다. 좀 더 많은 아이디어 중 가장 적합한 아이디어를 찾으면 되기 때문이다. 하지만 "쓰레기를 몇 퍼센트까지 줄일 수 있을 것인가?"에 대해 논의할 때는 브레인스토밍보다 자료 분석을 통해 내용을 정리하는 것이 더 효율적이다.

마인드맵(Mind Map)

마인드맵은 우리 머릿속의 복잡한 생각들을 지도로 그려 생각을 확장 또는 정리하는 것이다. 지도를 그리면 글, 이미지, 컬러 등의 시각적 자극을 사용해 머릿속의 다양한 개념들을 효과적으로 끄집어낼 수 있다. 머릿속의 생각을 좀 더 넓고, 입체적으로 표현할 수 있는 것이다.

마인드맵은 영국의 토니 부잔에 의해 개발된 방법이다. 우리의 좌뇌는 논리적인 생각, 숫자, 순서, 분석을 관장하고 우뇌는 상상, 공상, 색상과 입

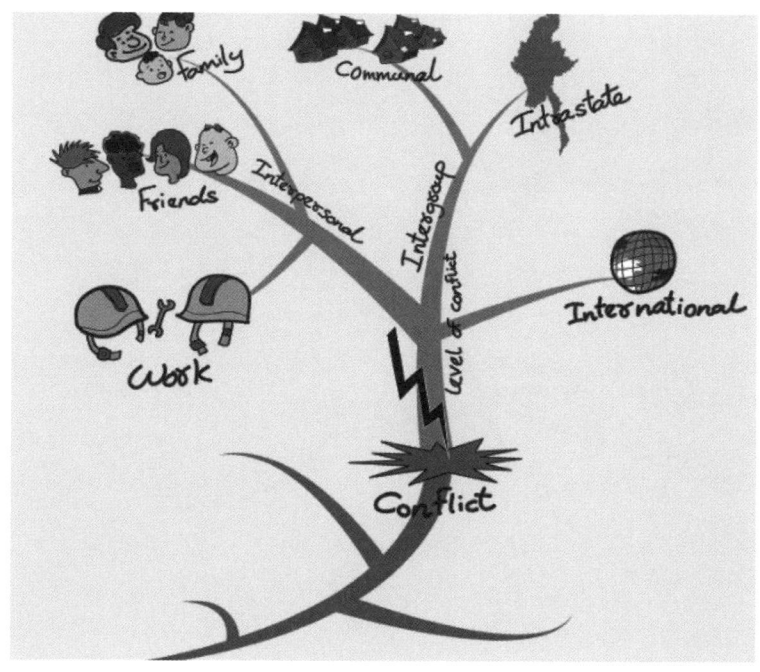

▲ 마인드맵

체적인 부분을 관장한다. 생각을 지도로 그리는 것은 이런 좌뇌와 우뇌를 골고루 활용해서 메모하는 방법이다. 그렇게 하면 우리의 생각을 좀 더 창의적으로 확장할 수 있다는 논리를 기반으로 개발된 것이다. 마인드맵은 하나의 생각을 여러 방향으로 발전 및 확장시켜야 할 때 사용하면 좋다.

 마인드맵을 그리다 보면 내가 알고 있는 것과 아직 모르는 것이 무엇인지를 명확하게 알게 된다. 또 그 중심 주제와 관련된 세부적인 항목을 정리하면서 중심 주제가 좀 더 명확해진다.

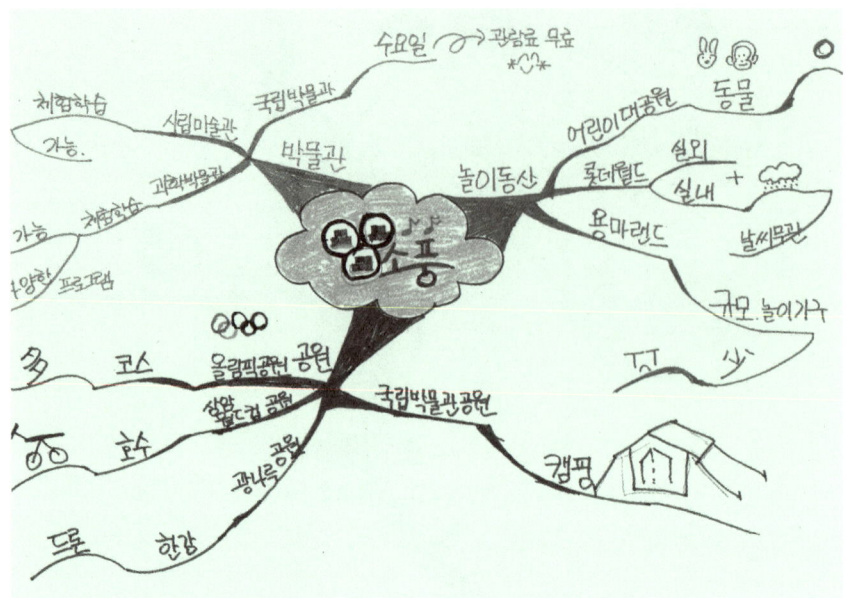
▲ 마인드맵을 활용하여 소풍 장소 정하기

위의 마인드 맵은 '소풍 장소 정하기'라는 중심 테마로 사고를 확장시킨 것이다.

마인드맵을 그리는 규칙

- 규칙1: 중심 이미지는 세 가지 이상의 컬러와 이미지를 사용한다.
- 규칙2: 중심 이미지에서 뻗어나간 주 가지들은 굵은 선으로 표시한다.
- 규칙3: 주 가지의 끝에서 부 가지로, 부 가지에서 세부 가지로 뻗어나간다.
- 규칙4: 주 가지에서 뻗어나간 가지들은 같은 컬러를 사용한다(같은 부류의 내용임을 구분해주기 위함이다).
- 규칙5: 가지 끝이 아닌 곳 위쪽에 단어 또는 이미지를 표시한다(가지가

끊어지지 않아야 생각이 단절되지 않는다).
- 규칙6: 문장을 사용하지 않고, 최대한 이미지나 단어로 표시한다(문장보다는 단어와 이미지에 훨씬 많은 정보를 포함할 수 있다).

마인드맵 활용

마인드맵은 이미 가지고 있던 생각을 밖으로 꺼내어 펼칠 때와 외부의 정보를 습득할 때로 구분하여 사용할 수 있다. 기존의 생각을 펼치든, 새로운 정보를 습득하든 우리의 뇌가 뉴런을 통해 활동하는 원리와 유사하므로 생각 정리와 학습 모두가 효율적으로 이루어질 수 있는 방법이다.[*]

[*] 출처: 생각 펼치기 & 정리의 도구 - 마인드맵 , 호기심 연구소

설계도를 그리자

모든 기획은 주제를 명확하게 정하는 것부터 시작된다. 확실하고 구체적인 주제가 없으면 아이디어 단계로 남을 뿐이다.

명확하고 구체적인 발표 주제 잡기

주제란 발표에서 중심이 되는 문제, 즉 '무엇'을 발표하는가에 해당한다. 물론 주어지는 주제가 있을 것이다. 그렇지만 그 주어진 주제 안에서도 나만의 구체적인 주제를 찾아야 한다. 큰 주제 안에서 범위를 좁히고 구체화·차별화한 우리만의 주제 찾기가 기획 단계에서 가장 먼저 할 일이다.

  소(小) 주제를 정할 때 그저 '관심 있어서', '재미있을 것 같아서'라는 이유로 결정하면 준비하는 동안 낭패를 겪을 수 있다. 우리가 정한 소 주제에 대한 관련 정보가 거의 없어서 발표 자료를 만드는 것 자체가 불가능할 수도 있다. 이미 많이 발표되었던 낡은 소 주제일 수도 있다. 그렇다면 소 주제를 정할 때 무엇을 생각해야 할까?

소 주제를 정할 때 생각할 것

- 발표할 만한 가치가 있는가?: 우리가 발표하고자 하는 소 주제가 사람들이 듣고 싶어 하는 내용인지, 대 주제와 관련해서 연관성이 있고, 발표 목적에 부합하는지 판단한다.
- 발표 준비가 가능한가?: 우리가 정한 소 주제와 관련된 자료가 충분한가? 설문 조사나 문헌 조사 등을 할 수 있는 주제인지 판단한다. 주제를

정했지만 관련 자료가 전혀 없거나 설문 조사 등이 불가능한 경우라면 준비할 수 없다.
- 주제가 참신한가?: 이 주제와 관련해서 기존에 너무 많은 자료들이 있어서 사람들에게 이 내용이 식상하지 않은지도 판단해야 한다.

명확하고 구체적으로 발표 소 주제를 정한 예

큰 주제 ▶	여름방학 미술관 체험하고, 느낀 점 발표하기
주제 좁혀보기 ▶	이 주제에서 범위를 좁히고 구체화, 차별화해보자. 모든 미술관 이야기를 다 할 수 없으므로 특정한 미술관을 정하고 그 미술관의 전시품 중에서도 특정 포인트를 정한다. 미술관 중에서도 범위를 좁혀 시립미술관을 정하고 다양한 체험 거리 중 조선시대 도자기에 대해 체험한 것을 이야기했다.
소 주제 ▶	조선시대 도자기 이야기(시립미술관을 다녀와서)

큰 주제 ▶	조선시대 실학사상 조사하여 발표하기
주제 좁혀보기 ▶	이번에는 실학사상에 대해 설명할 수 있는 많은 방법 중 박지원과 정약용이라는 대표 학자를 통해(범위를 좁히고, 구체화했다) 자료를 정리했다.
소 주제 ▶	박지원과 정약용을 통해 본 조선시대 실학사상

차별화되고 구체적인 나만의 주제는 저절로 만들어지는 것이 아니다. 대 주제에 대한 전체의 모습을 파악해야 그중에서 관심이 가는 분야를 고를 수 있다. 미술관에서 회화작품과 도자기류, 사진, 조각품, 각종 재료를 사용한 공예품 들이 전시된다는 것을 조사하고 알고 있어야 그중에서 선

택이 가능하다. 마찬가지로 조선시대 실학자들 중에는 어떤 사람들이 있는지, 실학이라는 학문은 어떤 내용을 담고 있는지 대략적이라도 알고 있어야 구체적인 주제를 잡을 수 있다.

구체적인 소 주제를 잡으려면 주어진 큰 주제의 전체 모습, 그 분야에서 쓰는 용어들, 주제와 관련된 다른 분야들을 다각도로 생각해보는 과정을 거쳐야 한다. 이 과정에서 쓰이는 것이 바로 브레인스토밍과 마인드맵이다.

발표 계획서 작성하기

발표 주제가 정해졌다면 이제 본격적으로 발표 기획에 들어가기에 앞서 발표 계획서를 작성해보자. 발표 계획서를 작성하는 이유는 여러 명의 조원들이 협동하여 만들어가는 과정에서 발표의 목적과 주제, 서로의 역할과 일정이나 계획 등을 함께 만들고 공유하기 위해서다. 조별 프로젝트에서는 조원 간의 소통이 잘 되지 않는 것이 가장 큰 어려움이다. 소통이 잘 되지 않으면 발표의 주제나 목표에 대해 조원들이 각각 딴생각을 할 수도 있다. 당연히 발표 준비가 중구난방이 되기 쉽다. 발표 계획서를 쓰고 그 과정에서 목표와 일정, 책임자 등등 모든 것을 조원들이 하나씩 논의하고 합의하면 이러한 문제를 예방할 수 있을 것이다.

학년/반		학년 반	조 이름
발표 개요	일정		
	장소		
	발표 시간	주어진 발표 시간을 기입한다(예: 15분)	
발표 주제			
발표 목표			
청중 분석		발표를 듣는 청중이 누구인가? 청중은 해당 주제에 대해 얼마나 알고 있나? 청중을 몰입하게 하기 위해서 무엇을 강조해야 하나?	
자료 조사 방법		설문 조사, 인터뷰, 인터넷 검색, 논문 검색 등 자료 조사 방법 중 활용할 자료 조사 방법을 기입	
조원 역할 분담		조원 역할 분담을 명확하게 작성한다.	
일정 계획		준비~발표까지 일정을 상세하게 정리한다.	

▲ 발표 계획서 양식의 예

Why-What-How 틀을 활용하여 논리적 흐름을 잡아라

앞서도 말했지만 발표는 나의 생각을 상대가 잘 이해할 수 있도록 전달하는 것이다. 즉, 발표의 핵심은 "상대가 잘 이해하고, 납득할 수 있도록 전달하는 것"이다. 그렇다면 상대는 어떨 때, "아, 이 사람이 이야기하는 게 맞다. 아하, 그래 나도 저 사람이 이야기하는 것처럼 한번 해봐야겠다"는 마

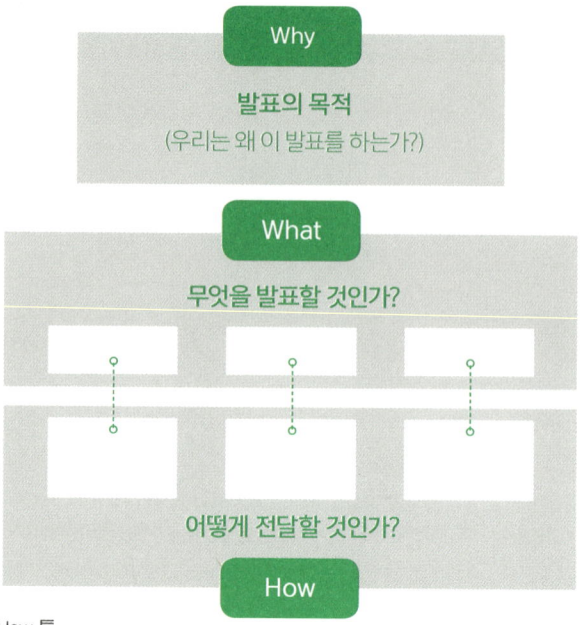

▲ Why-What-How 틀

음을 갖게 될까?

　설득에서 가장 기본적인 것은 바로 논리다. 누군가를 설득하려면 우선 말하는 사람이 명확한 근거를 대고 그 주장이 충분히 타당하게 전개되어야 한다. 충분한 근거와 논리를 가지고 결론으로 자연스럽게 흘러가야 듣는 사람이 납득할 수 있다.

　주제가 정해지고, 자료 조사도 일부분 진행되었다면, 이제 발표의 전체 흐름을 잡아보는 논리적 구상의 단계로 들어가도 좋다. 이때 우리를 도와줄 수 있는 도구가 바로 Why-What-How 상자다. 위의 그림처럼 각 항목별로 내가 발표하고자 하는 주제에 대해 생각을 정리해보는 것이다. 함께 모여 노트에 적어보는 것이 가장 좋은 방법이다.

Why 단계

발표의 흐름을 정리할 때 가장 먼저 생각해볼 것이 Why, 즉 발표의 목적이다. '왜' 이 발표를 하는지가 정확해야 하기 때문이다. Why를 정리할 때는 이 발표 주제와 관련해서 우리가 생각하는 문제는 무엇인지, 혹은 배경은 무엇인지를 먼저 따져보고, 이 문제가 현재 어떤 모습으로 나타나며 우리가 바라는 모습은 무엇인지 구체화한다. 현재의 모습과 우리가 바라는 모습과의 차이가 바로 해결해야 하는 문제이며, 우리가 발표하는 목적이 될 수 있다. Why 단계의 생각 정리는 우리가 발표를 통해 얻고자 하는 것은 무엇인가로 마무리된다.

What 단계

이 발표에서 우리는 무엇을 이야기할 것인가? 즉 핵심 내용이 무엇인지를 정리하는 단계이다. What 단계에서는 발표의 시간이나 범위에 맞춰 이야기하고자 하는 것의 규모를 정하는 것도 중요하다. 이야기하고 싶은 내용이 열 가지라면 이번 발표의 목적(Why)과 시간, 듣는 사람의 입장을 고려하여 세 개 정도로 핵심 내용을 추리고, 간략화하는 방법도 함께 논의해보자. 이야기하고자 하는 핵심 내용이 추려졌다면 이제 다음으로 어떻게 발표를 진행할 것인가에 대해 고민하는 단계로 넘어간다.

How 단계

이야기하고자 하는 핵심 내용에 대해 어떻게 구체적으로 내용을 전개할 것인지 생각해보는 단계이다. What 단계에서 이야기한 내용을 좀 더 깊이 있게 들어가서 그것을 실행하기 위한, 혹은 그것을 가능하게 하기 위한 방법들을 현실성 있게 정리한다.

이렇게 하여 발표하는 사람 머릿속에 Why-What-How에 대한 명확한 개념이 서게 되면 그다음은 생각보다 정리가 빨라진다. 이 논리틀을 만들 때는 생각을 글로 정리해보고, 말로도 표현해보는 것이 좋다. 혼자 써본다면 혼자 중얼중얼하면서 자신에게 자신의 생각을 자꾸 들려준다. 그럼, 신기하게도 "어, 이건 말이 안 되는데? 그래, 이렇게 한번 조정해보자" 하면서 생각이 정리되는 것을 느낄 수 있다. 또 친구들과 함께 작업할 때는 서로의 생각을 말로 표현하면서 서로의 이야기에 의견을 내며 다듬어가도록 하라. 수차례 말로 표현해보고, 생각을 정리하면서 다듬고 다듬어야 간결하면서도 명확한 발표의 틀을 얻을 수 있다.

물론 처음부터 완벽하게 채워질 리는 없다. 노트에 쓰고, 또 수정해보고, 또 쓰면서 모두 그 논리가 납득되는 순간까지 계속해보는 것이다.

민우네
학교 이야기 3

자료의 바다에 풍덩 "조사하면 다 나와!"

 자료 조사 중 설문지 만들기부터 시작했다. 설문지에 답해본 적은 여러 번 있지만 설문지를 직접 만들어보는 것은 모두 처음이었다. 설문 조사를 진행하는 것은 빛나와 예주가 맡았지만, 설문지 문항을 만드는 것은 같이 하기로 했다.

 설문지 만들기는 쉽지 않았다. 내용은 첫째, 쓰레기 분리수거를 잘하고 있는지, 만일 안 한다면 이유가 뭔지. 둘째, 쓰레기 분리수거 방법에 대해 잘 알고 있는지. 만일 잘 모른다면 이유가 뭔지. 셋째, 앞으로 우리 학교 쓰레기의 양을 줄이려면 무엇이 필요하다고 생각하는지. 이렇게 세 가지로 정했다.

 무엇을 묻는 것인지 질문 내용이 명확해야 했고 쓰레기 분리수거를 잘하지 않는다며 비난하는 것처럼 보여서도 안 되었다. 어떤 뉘앙스로 물어보느냐에 따라 다르게 들릴 수 있기 때문에 문구 하나 쓰는 것도 조심스러웠다.

환경 인식과 실천 현황 설문 조사

안녕하세요.
저희는 2학년 2반 사회과 프로젝트 수업을 진행하고 있는 청개구리조입니다. 발표를 준비하는 과정에서 우리 학교 학생들의 쓰레기 분리수거 현황을 알아보기 위해 설문 조사를 실시하게 되었습니다. 여러분의 생활을 돌이켜보시고 성심 성의껏, 솔직하게 질의에 답해주시면 감사하겠습니다.

2학년 2반 청개구리조.
홍민우, 강빛나, 김찬기, 이예주 올림.

1. 평소에 학교에서 분리수거를 얼마나 잘하고 계신가요?
① 매우 잘한다. ② 잘하는 편이다. ③ 보통이다. ④ 하지 않는 편이다.
⑤ 아주 안 한다.

2. 평소 일회용품 중 어떤 것을 주로 사용하십니까?
① 나무젓가락 ② 종이컵 ③ 비닐 ④ 플라스틱 ⑤ 사용하지 않는다.

3. (1번에서 ③, ④, ⑤를 체크하신 분들만 답해주세요.) 왜 분리수거를 잘 안 하십니까?
① 일일이 모든 제품들을 분리 배출 하기가 귀찮기 때문에
② 분리수거를 해야 하는 필요성을 느끼지 못하기 때문에

③ 분리수거를 하기 위한 시설이나 체계가 갖추어지지 않아서
④ 분리수거에 대한 홍보가 부족하기 때문에 분리수거 방법을 잘 모른다.
⑤ 기타(   )

4. 다음 중 재활용 쓰레기가 아닌 것은 무엇일까요?

① 캔(콜라 캔, 주스 캔 등)

② 종이(우유 팩, 과자 상자 등)

③ 플라스틱(생수병, 볼펜, 스티로폼 등)

④ 음식물 쓰레기(채소, 남은 피자, 치킨 뼈 등)

⑤ 잘 모르겠다.

5. 우리가 분리 배출한 재활용 쓰레기는 어떻게 처리될까요?

① 깨끗하게 손질해서 새 제품과 함께 소비자에게 판매된다.

② 분리수거하여 종류별(알루미늄, 고철, 종이 등)로 용도에 맞게 재활용된다.

③ 학교에서 분리 배출된 채 그대로 모두 혼합하여 다른 용도의 비닐 제품으로 재활용된다.

④ 분리배출과 관계없이 일반쓰레기와 함께 소각되거나 타지 않는 것은 땅속에 매립된다.

⑤ 잘 모르겠다.

6. 재활용 쓰레기를 분리 배출하기가 귀찮아 종량제 봉투에 담아 그냥 버렸습니다. 종량제 봉투에 담긴 플라스틱 제품은 어떤 처리 과정을 거치

게 될 것이라고 생각하십니까?

① 최신의 자동화 시스템을 통해 재활용 가능한 물품을 재분류한 후 일반쓰레기만 소각한다.

② 지역 별 환경자원센터에서 사람이 일일이 봉투를 뜯어 확인하여 플라스틱만 재분류한다.

③ 종량제 봉투에 들어 있는 내용물을 확인하지 않고 그대로 소각로에 넣고 소각해버린다.

④ 잘 모르겠다.

7. 마지막으로 우리가 학교가 쓰레기 분리수거를 철저히 하기 위해서 어떤 활동을 해야 할까요?

※ 설문에 응해주셔서 정말 감사합니다. 여러분이 답변해주신 내용을 잘 분석해서 발표 때 활용하도록 하겠습니다.

만들어놓고 보니 그럴 듯했다. 설문 대상은 1반과 2반, 두 개 반 학생 60명을 하기로 했다. 2반 한 반만 하면 학생 수가 너무 적어 제대로 된 통계가 나오지 않을 수도 있기 때문이다.

"다른 반 애들이 설문에 제대로 대답해줄까?"

"1반 애들도 사회 프로젝트 수업 할 거잖아. 그때 우리가 앞장서서 도와주겠다고 하면 돼."

설문지 담당인 예주와 빛나가 1반 설문지를 배포하고 책임지고 회수하기로 했다.

"이름은 쓰지 않는 거지?"

"당연하지. 이름을 쓰면 부담감 때문에 대답을 안 할 수도 있어."

"언제 나눠주지?"

"뭐 시간 되는 대로."

설문지를 만들었으니 이제 배포하고 회수하는 건 빛나랑 예주가 알아서 할 것이다. 집으로 돌아온 민우는 자기 몫의 과제를 하기 위해 컴퓨터 앞에 앉았다.

어른들은 아이들이 컴퓨터 앞에 앉아 있으면 무조건 게임하고 놀 것이라고 의심하지만 그건 모르는 소리다. 초등학생 때부터 숙제를 하려면 제일 먼저 인터넷 검색부터 했다. 그 결과 대부분 아이들의 숙제가 다 비슷해지긴 했지만.

민우는 인터넷에 접속해서 검색창에 '쓰레기'라고 쳐보았다. 단어의 뜻부터 설명하고 있어서 자료로 쓸 만한 건 찾을 수 없었다. '쓰레기 문제', '쓰레기 양', '쓰레기 처리 방법', '쓰레기 해결 방안' 등등 다 넣어보다가

'쓰레기 문제는 왜 심각한가'라고도 쳐보았다. 그때마다 수많은 뉴스, 리포트, 블로그 글, 이미지 들이 떠올랐지만 그중 무엇을 골라야 할지 도무지 알 수가 없었다.

'에라 모르겠다. 일단 다 뽑아서 애들이랑 같이 고르면 되겠지!'

민우는 무조건 인쇄를 눌렀다. 프린터 안에 꽉 차 있던 용지를 다 써서 새로 채워야 할 정도였다. 하지만 두툼한 자료를 보니 왠지 뿌듯한 마음도 들었다.

다음날, 하교 길 골목이었다. 누군가 어깨를 툭 쳐서 돌아보니 어떤 아저씨가 민우를 보고 미소 짓고 있었다.

'어? 누구지? 어디서 본 사람 같긴 한데.'

생각하고 있는데 아저씨가 물었다.

"자료 조사는 잘되고 있어?"

그제야 '아, 그 분식집 아저씨!' 하고 생각이 났다. 우리 발표에 지대한 관심을 가지고 있는 아저씨.

"네… 하고 있어요."

아저씨가 한 걸음 더 가까이 다가오더니 은밀히 물었다.

"어떻게?"

"네?"

'뭐야, 이 아저씨' 싶었다. 원래 학교 선생님이었나? 아들이 중학생인가? 아니면 애들이 발표 준비 잘하고 있는지 알아보려고 사회 선생님이 심어 둔 스파이? 이런 저런 생각이 들었지만, 아저씨가 반짝반짝 눈을 빛내며 쳐다보고 있기에 민우도 우물쭈물 대답했다.

"그냥 우리 현재 모습 자료가 필요하니까 찬기가 교실 쓰레기통 일일이 뒤지면서 분리수거가 얼마나 안 되는지 알아보고 있고요. 사진도 찍고. 저는 인터넷으로 자료 찾고 있어요. 근데 너무 많아서 도대체 뭘 써야 할지 모르겠어요."

"맞아, 자료가 없어도 고생이지만 너무 많아도 문제야. 그래서 얼마나 찾았어?"

대답 대신 가방을 열어 안에 있는 두툼한 자료 뭉치를 보여주었다.

"헐!"

아저씨가 입을 쫙 벌렸다.

"많다. 이걸 다 어떻게 할 거야?"

"여기서 골라야죠."

"어떤 걸로? 어떻게?"

"음… 뭐 적당한 걸로?"

"어떤 게 적당한데?"

또 한 번 이 아저씨 왜 이러나 싶었다.

"자료는 찾는 게 중요한 게 아니고 어떤 걸 고를지 선택하는 게 더 중요한 거야. 이만한 자료뭉치를 던져주고 다 읽어보라고 할 수는 없잖아. 이 중에서 핵심 메시지를 뽑아야지."

"메시지는 뭐. 쓰레기 문제가 심각하다는 거예요."

"심각한 건 다 알지. 귀에 못이 박히게 들었으니까. 근데 와, 정말이구나. 진짜로 심각하구나 하고 가슴에 와 닿게 하는 게 중요해. 그런 강렬한 느낌을 주는 정보가 있어?"

강렬이라… 글쎄, 그런 정보가 있었나?

아저씨가 민우가 프린트한 자료 몇 장을 휙휙 넘겨보더니 잔소리를 시작했다.

"이건 뭐야? 이건 누가 자기 숙제한 거 올려놓은 것 같은데?"

"그런가 봐요."

"이건 자료로 못 써. 출처도 없고 여기 나와 있는 데이터나 조사 결과가 믿을 만한 건지 이 학생이 어디서 보고 쓴 건지 알 수 없잖아. 믿을 수 있는 기관에서 정확하게 발표한 자료가 아니면 갖다 쓰면 안 돼."

아, 그런가? 그럴 수도 있겠다. 그 자료에는 어디서 알게 된 정보인지 아무것도 나와 있지 않았다.

"이건 또 뭐야? 이건 2000년대 초반 자료잖아. 10년도 훨씬 더 지난 걸 자료라고 할 수 있겠어? 세상이 얼마나 빨리 변하는데. 여기 나온 수치들은 지금은 확 변했을 거라고."

듣고 보니 그것도 그랬다. 환경이라는 게 날로 변하고 있는데 이때와 지금은 또 다를 것이다.

"좋은 자료를 찾을 때는 좋지 않은 자료를 버리는 것부터 잘 해야 돼. 안 그러면 자료들 속에 파묻혀 죽을지도 몰라."

맞다. 정보의 홍수 시대라고 하지 않나. 홍수처럼 떠내려 오는 정보들 중에서 쓸 만한 걸 건져내야 한다.

민우는 고개를 끄덕였다. 아저씨가 미소를 지었다.

"처음에는 다들 그런 실수를 해. 여러 번 하다 보면 좋은 자료, 나쁜 자료를 보는 눈이 생길 거야."

"네, 음… 그런데요."

"응?"

"아저씬 뭐 하시는 분이에요?"

"나? 그야 분식집 아저씨지. 하하, 아이쿠 이런, 장 보러 가는 길이었는데. 그럼 잘 가!"

아저씨는 황급히 가버렸다. 민우는 고개를 갸우뚱하며 아저씨의 뒷모습을 바라보았다.

집에 돌아온 민우는 기준을 세우고 자료를 걸러내기 시작했다. 아저씨가 말한 대로 너무 오래된 자료나 출처가 명확하지 않은 자료는 과감하게 버렸다. 그러자 쓸 수 있는 자료는 3분의 1도 남지 않았다. 하지만 쓸 수 있는 것과 없는 것을 구별하면서 자료를 꼼꼼히 읽다 보니 생각이 조금 정리되는 느낌이 들었다. 처음에는 보이지 않는 물속에 손을 넣어서 휘젓는 느낌이라 뭐가 건져 올라올지 몰랐는데 여러 가지 것들을 보다 보니 손을 넣은 물이 점점 더 맑아지는 듯했다. 그러면서 좀 더 찾아보고 싶은 자료들도 생겼다.

쓰레기 문제는 전 지구적으로 심각하지만 그중에서도 우리나라의 경우는 어떤지 살펴보는 게 좋을 것 같았다. 쓰레기 문제를 모범적으로 해결해 나가고 있는 다른 나라와 우리나라를 비교해보는 것도 좋지 않을까? 그래야 전체적으로 심각하지만 우린 조금 더 심각하다는 설명이 가능하니까. 자료 중에는 동영상 자료도 많았다. 글자로만 이루어진 것보다는 더 흥미롭고 이해도 잘됐다.

'내가 그렇다면 다른 아이들도 마찬가지겠지.'

발표할 때 짧은 동영상을 보여주는 것도 좋을 것 같았다. 민우는 유튜브에서 〈쓰레기 분리수거〉를 검색하여 나온 제목과 짧은 설명을 보면서 볼 만한 동영상들을 찾아보았다. 대부분 TV 뉴스나 다큐멘터리들이었는데 서울시나 환경부 등에서 교육용 자료로 만든 것도 있었고 공익광고도 볼 만한 게 많았다. 조원들과 함께 보면서 동영상을 짧게 편집하여 발표 자료에 넣으면 될 것 같았다. 쓸 만한 자료가 쌓이면 쌓일수록 자신감도 높아졌다.

다음 날 급식 시간. 민우가 식판에 밥을 받아서 앉을 자리를 찾고 있는데 찬기가 민우에게 손짓했다. 다가가 보니 찬기는 식판을 거의 비워가는 중이었다.

"벌써 다 먹었어?"

"응. 여기 앉아서 먹어. 난 간다."

찬기는 마지막 남은 밥을 입에다 몰아넣고 급하게 자리를 떴다.

"왜 그렇게 급해? 축구하게?"

"야, 지금 쓰레기통 보러 간다."

찬기는 후다닥 가버렸다. 쓰레기통 관찰 담당이라 밥을 서둘러 먹은 모양이다. 아침나절에 민우가 흘깃 본 바로는 쓰레기통이 비어 있었는데 지금은 어떻게 되어 있으려나. 늘 쓰레기통 주변이 지저분하다고만 생각했지 시간대 별로 쓰레기통 상황이 어떻게 달라지는지는 자세히 살펴본 적이 없다. 두 개 반 쓰레기통을 내용물까지 자세히 살펴보려면 그것도 쉬운 일은 아니겠다 싶었다.

그런데 더 큰 문제는 설문 조사에서 생겼다. 교실로 돌아가 보니 빛나와 예주는 급식실에도 가지 않고 풀이 죽어 앉아 있었다.

"왜 그래? 점심 안 먹어?"

빛나는 잔뜩 짜증이 난 표정이었고 예주는 금방이라도 눈물을 흘릴 것처럼 울상을 짓고 있었다. 빛나는 손에 종이뭉치를 들고 있었는데 언뜻 봐도 마구 구겨지고 더러웠다. 우리가 만든 설문지였다.

"뭐야, 이거 왜 이래?"

예주가 울먹울먹하며 하는 말에 의하면 1반 아이들에게 쉬는 시간에 설문지를 나눠주려고 했는데 애들이 잘 받지도 않고 받아도 읽어보지 않더라는 것이다. 게다가 설문지를 받고는 바로 버리거나 보란 듯이 비행기를 접어 날리며 장난치는 아이들까지 있었다고 한다. 설문지를 작성해서 돌려준 아이는 절반도 되지 않았다. 예주와 빛나는 아이들이 마구 버린 설문지를 다시 주워왔지만 설문지가 구겨진 만큼 자존심도 구겨졌을 것이다.

"두고 봐, 내가 1반 애들이 뭐 도와달라고 할 때도 똑같이 해줄 테니까."

빛나가 씩씩거렸다.

민우는 고민에 빠졌다. 이런 식이면 같은 반 애들한테 설문지 받는 것도 어려울 것 같았다. 민우만 해도 어쩌다 길에서 전단지를 받으면 어떤 내용인지 읽어보지도 않고 함부로 버리지 않았나! 쉬는 시간에 복도에서 설문지를 나눠주는 건 길에서 모르는 사람들에게 전단지를 나눠주는 것과 같은 일이었다.

"이렇게는 안 되겠다. 차라리 1반 선생님에게 말씀드려서 조회시간이나 종례시간에 잠깐만 시간을 내달라고 해야겠어. 우리 반도 마찬가지고."

빛나도 찬성했다.

"모두 자리에 앉아 있을 때 나눠주고 그 자리에서 바로 걷어야 돼. 안 그럼 돌려받기 어려워. 지금 가서 말씀드리자."

뒤늦게 급식실에 헐레벌떡 가서 선생님들이 모여 있는 테이블로 갔다. 1반 담임 선생님도 계셨지만 프로젝트 담당인 사회 선생님도 계셨다. 빛나가 설문 조사 때문에 그러니 아무 때나 시간을 내달라고 하자 1반 선생님뿐 아니라 다른 선생님들까지 다들 떠들썩하게 칭찬했다.

"그럼. 그런 중요한 연구를 하는데 당연히 협조해야지."

"이야, 너희 조 열의가 상당하네? 청개구리조라고? 기억하고 있을게."

설문 조사 실패 때문에 풀이 죽었던 빛나와 예주 얼굴에 금세 화색이 돌았다. 민우도 기분이 좋아졌다.

1반 설문지는 그날 종례시간에 받았다. 빛나와 예주가 설문지를 들고 들어갔다.

"안녕하세요. 저희는 2반 사회 프로젝트 발표 수업을 준비하고 있는 청개구리조입니다. 자료조사를 위해 설문을 실시하려고 하니 성실하게 답변해주시면 감사하겠습니다."

"아까 낮에 했는데"라고 중얼거리는 소리도 들렸다.

"죄송합니다. 아까 해주셨던 분도 한 번만 다시 해주세요."

1반 아이들은 조용히 설문에 응했다. 문항이 많지 않아서 조사가 오래 걸리지 않았다. 30명 전원에게 나누어주고 30명 전원에게 돌려받았으니, 회수율 100퍼센트다. 빛나와 예주는 하이파이브를 했다.

우리 반 설문을 받는 건 더 쉬웠다. 사회시간을 이용해서 설문을 받았고, "쟤네는 뭐가 좀 잘되어가나 보다" 하는 약간의 질투 어린 시선도 받았다.

그날 방과 후 아이들은 다시 분식집을 찾았다. 분식집엔 여전히 손님이 없었다. 주인아저씨는 이제껏 목을 빼고 기다렸다는 듯이 과도하게 반가워했다. 무뚝뚝하고 불친절한 것보다야 좋지만 역시 좀 이상하다는 생각은 떨칠 수가 없었다.

청개구리조 아이들은 각자 만들어온 자료를 들고 둘러앉았다. 먼저 빛나와 예주가 설문 조사 결과로 통계를 낸 자료를 보여주었다. "분리수거를 잘하고 있습니까?"에 대한 응답과 "잘하지 못한다면 이유가 무엇입니까?"에 대한 대답을 퍼센트로 정리했다. 예상과 크게 다르지는 않았다.

빛나가 찬기를 쳐다봤다.

"넌 어떻게 됐어? 교실 쓰레기통 관찰하기로 한 건 끝났어?"

예주가 걱정스런 투로 말했다.

"시간대 별로 정리했어야 하는데."

찬기가 대답이 없자 빛나가 다그쳤다.

"사진은? 사진은 찍었어?"

여럿이 묻는데도 찬기는 별 대답을 안 했다. 민우는 갑자기 불안해졌다. 엉뚱한 찬기가 혹시 맡은 일을 제대로 안 한 건가 싶어서다. 그렇지만 분명 관찰 때문에 급식도 후다닥 먹고 뛰어가는 걸 봤는데 이상하다고 생각했다. 그때 찬기가 가방에서 뭔가를 꺼내더니 테이블 위에 툭 던졌다. 찬기가 꺼내놓은 것은 관찰 보고서였다. 사진이 붙어 있는 관찰일지가 시간대 별로 정리되어 있었다. 1반과 2반 두 개 반을 관찰한 보고서였다.

교실 쓰레기 배출 현황 관찰				
날짜	2016. 10. 03	장소	2학년 1반 교실, 2학년 2반 교실	

2학년 1반 교실(오전 10시): 쓰레기 거의 없음

2학년 2반 교실(오전 10시): 쓰레기 거의 없음

2학년 1반 교실(오후 13시): *점심시간 이후 일반 쓰레기통의 쓰레기가 가장 넘쳐남
　　　　　　　　　　　　　*종량제 봉투 50리터 1장 사용

2학년 2반 교실(오후 1시): *1반과 동일하게 종량제 봉투 50리터에 쓰레기 가득
　　　　　　　　　　　　*이 중 과자봉지나 컵라면 1회용 용기가 절반 정도 차지함

2학년 1반 교실(오후 5시): *종량제 봉투에 버린 쓰레기 중 재활용 가능한 쓰레기를 골라 낸 후 버리는 쓰레기의 양을 재봄
*학교 끝난 후 총 30리터로 측정됨
*전체 버리는 쓰레기 60리터 중 30리터는 재활용 가능한 쓰레기였음
*종량제 봉투 안에 음식물 쓰레기가 많이 포함됨. 음식물 쓰레기를 별도로 버리는 분리수거함이 필요
*재활용 쓰레기를 분석해보니 우유곽, 페트병 안에 여전히 액체가 남아 있음
*재활용 쓰레기통이 하나라서 다시 분리해야 하는 번거로움이 있음

2학년 2반 교실(오후 5시): *1반과 마찬가지로 종량제 봉투 안의 재활용 쓰레기를 분리, 하루 동안 버리는 쓰레기가 약 30리터 정도로 비슷하게 나옴
*재활용 쓰레기 중 지저분한 종이나 화장지가 포함되어 있음
*분리수거 방법을 다시 한 번 안내할 필요가 있음

▲ 교실 쓰레기 배출 현황 관찰

"대박!!"

절로 그런 소리가 나왔다. 보고서까지 작성해서 가져올 줄은 몰랐다. 사진만 몇 장 찍고 오전에는 쓰레기통이 얼마나 찼고 점심 이후에는 어떻게 됐고. 이런 식으로 말로만 얘기할 줄 알았는데! 예주가 감탄한 목소리로

말했다.

"와, 분리수거 상황 이거 어떻게 조사한 거야? 쓰레기통을 일일이 뒤져 본 거야?"

"야, 내가 그거 하느라고 얼마나 고생한 줄 알아? 쓰레기통 뒤집어서 손으로 그거 다 만지고. 어휴, 애들이 음료수니 우유니 다 먹지도 않고 막 버려가지고 끈적거리고 그 냄새하며. 딴 반에까지 가서 그러니까 애들이 진짜 이상하게 쳐다보더라."

사진만 봐도 찬기의 고생이 눈에 보이는 것 같았다. 쓰레기통 상태는 보기에도 심각했는데 그걸 다 손으로 만져야 했으니 더 싫었을 것이다. 하지만 아이들이 보고서에 만족하는 모습을 보면서 찬기도 뿌듯해 하는 것 같았다.

이제 교실 관찰기록과 설문 조사 결과를 정리해서 발표 자료에 넣기만 하면 된다. 문제는 민우가 가져온 자료들이었다. 버릴 자료는 버리고 정리했는데도 무엇을 어디에 어떻게 쓸지 어떤 자료가 더 필요한지 판단이 서지 않았다.

"자료 조사는 이거면 다 된 건가?"

민우가 그렇게 묻자 빛나와 찬기 사이에 논쟁이 벌어졌다.

"그거야 모르지. 발표 때 무슨 이야기를 할지 알아야 자료가 다 됐는지 아닌지 알 수 있지."

"자료 조사가 다 돼야 무슨 얘기를 할지 아는 거 아니야?"

"무슨 얘기를 할지 알아야 그거에 맞춰서 필요한 자료가 뭔지 알지."

"자료가 뭐 뭐 있는지도 모르는데 무슨 발표를 할지 어떻게 알아?"

"발표 내용 먼저 정해야지. 모든 자료를 다 찾을 수는 없잖아?"

누구 말이 옳다고 이야기할 수 없었다. 빛나 말도 맞고 찬기 말도 맞는데 대체 뭘 먼저 해야 하지? 처음 아무것도 정하지 못하고 헤매고 있을 때보다 지금은 훨씬 더 가닥이 잡혔다고 생각했는데 다시 컴컴한 터널로 들어간 기분이었다.

효율적으로 자료 조사하기

발표에서 활용되는 자료가 어떤가에 따라 그 발표의 정확성과 신뢰성이 달라진다고 해도 과언이 아니다. 자료가 최신의 정보인지, 정확한지, 출처가 명확한지, 직접 수집한 자료인지 등이 발표의 수준을 결정하는 것이다. 여러 가지 자료 조사의 방법을 잘 이해해서 나의 발표에 적합한 자료 조사 방법을 선택하고 활용해보자.

자료 조사의 방법

발표를 위해 활용할 수 있는 자료는 1차 자료와 2차 자료로 나눌 수 있다. 1차 자료는 조사자가 직접 수집한 자료고, 2차 자료는 다른 연구자나 기관에서 이미 발표한 것으로 공개적인 이용이 가능한 자료다. 1차 자료 조사는 조사자가 직접 수행하는 것이므로 노력과 시간, 비용이 많이 든다는 단점이 있지만 자신이 기획하는 내용에 딱 필요한 내용으로 조사를 진행할 수 있다는 장점이 있다. 반면 2차 자료는 나의 자료 기획을 위해 진행된 조사가 아니라는 단점은 있지만 비용과 노력이 거의 들지 않는다는 장점이 있다. 나의 발표 목적에 따라 적절한 자료 조사 방법을 활용하면 된다. 2차 자료를 활용할 경우, 무엇보다 중요한 것은 정확한 출처를 밝히는 것이다. 또한 그 자료가 최신의 자료인지, 신뢰할 만한 기관과 연구자의 자료인지도 꼭 확인해야 한다.

1차 자료	2차 자료
설문지 조사법 조사 목적에 따라 질문을 구성하여 조사 대상자가 작성하도록 하는 방법 **면접 조사법(인터뷰)** 조사 대상자를 직접 만나 질문과 응답을 통해 원하는 내용을 조사는 하는 것(1:1 면접, 그룹 면접) **관찰법** 관찰하고자 하는 대상을 객관적으로 관찰하는 것	**인터넷 검색** 인터넷 검색을 통해서 얻게 된 기사, 출처가 기재된 블로그 내용 등 **연구 결과 자료** 공신력 있는 기관(학교, 연구소 등)에서 발간한 연구 논문 및 기사 **통계 자료** 신뢰할 수 있는 기관에서 제공하는 통계 자료 **기타** 책, 잡지 등 기타 간행물에서 발췌한 내용

1차 자료조사*

설문지 조사법

1차 자료 조사 중에 객관성이 가장 높고 많은 사람들이 활용하는 방법으로 설문지 조사법을 들 수 있다. 누구나 한 번쯤 설문지를 작성해본 경험이 있을 것이다. 설문지는 다음과 같이 질문의 유형을 달리할 수 있다. 질문하고자 하는 내용에 따라 가장 적정한 질문 유형을 선택하면 된다.

자유 응답형

응답의 형태에 제약을 가하지 않는 방법으로서 응답자의 생각을 자유롭

*참조: 『사회과학 조사 방법론』, , 채서일 지음, 비앤엠북스

게 들을 수 있다는 장점이 있다. 반면에 여러 사람에게 질문했을 경우 응답한 내용을 정리하기가 쉽지 않다는 어려움이 있다.

> 예) 쓰레기 분리수거를 잘할 수 있도록 하기 위해 취할 수 있는 방법에는 무엇이 있을까요?

다지 선다형

질문에 대한 답을 선택할 수 있도록 4지 선다, 5지 선다형으로 제공하는 형태로서 응답자는 한 개 이상의 답을 선택할 수 있다. 다지 선다형의 보기를 만들 때에는 보기가 서로 중복되지 않고, 답변할 수 있는 모든 내용을 포함하고 있어야 한다. 아래 문항의 경우 보기가 버리는 음식의 모든 것을 포함하고 있어야 한다. 보기를 보면서 응답자가 누구든 하나는 선택할 수 있어야 한다는 뜻이다. 이러한 다지 선다형은 설문지를 분석할 때 집계 및 분석이 자유 응답형에 비해 편리하다는 장점이 있다.

> 예) 만약 급식을 다 먹지 않고 버린다면 주로 무엇을 버리십니까?
> ①밥 ②김치 종류 ③주 반찬 ④국 ⑤기타(   )

양자 택일형

"예, 아니오" 등 두 가지 답변 중 하나를 선택하도록 하는 질문 유형이다. 양자 택일형도 다지 선다형과 같이 분석이 용이하다는 장점이 있다. 응답자의 답변이 둘 중 하나로 명확할 때 사용한다.

> 예) 교실에서 비닐류를 따로 분리배출하고 있습니까?
> ①예 ②아니오

리커르트 척도(5점 척도)

그 문항에 대한 긍정적 반응과 부정적 반응을 측정하는 유형이다. 리커르트 척도 방식으로 설문 조사를 한 경우 일반적으로 그 답변에 대한 평균 점수를 내어 결과를 평가한다.

> 예) 우리 사회의 환경문제가 심각하다고 생각한다.
> ①전혀 그렇지 않다. ②그렇지 않다. ③보통이다. ④그렇다. ⑤매우 그렇다.

설문지 작성 시 주의사항

다양한 질문 방식 중 내가 진행하는 조사에 적합하다고 판단되는 질문 유형을 선택하여 설문지를 만들 때 몇 가지 주의해야 할 사항은 다음과 같다.

- 한 번에 한 가지만 질문한다.
- 질문은 상대방이 알기 쉽고, 명료하게 작성한다.
- 질문은 객관적이고, 공평하게 작성한다. 특정한 방향으로 답변하도록 유도하는 질문이어서는 안 된다.
- 응답자가 질문을 보고 쉽게 답변할 수 있어야 한다.

온라인 설문지 활용

온라인에서 간편하게 설문지를 만들고, 메일이나 스마트 폰을 통해 설문지를 돌릴 수 있다. 이 경우 응답자들의 설문 결과를 굳이 코딩하지 않아도 자동으로 결과를 보여주기 때문에 결과 분석하는 데 드는 시간과 노력을 아낄 수 있다. 대표적인 온라인 설문지 시스템인 구글과 네이버의 설문지 기능을 소개한다.

• 구글 설문지

사이트: https://docs.google.com/forms

해당 사이트로 들어가서 설문지 만들기를 시도해보자. 우리가 원하는 문항 유형을 선택해서 설문지를 작성하고, 온라인으로 배포할 수 있다.

• 네이버 설문지

사이트: http://office.naver.com/ 에서 폼이라는 메뉴를 선택

해당 사이트로 들어가서 다양한 설문지 유형 중 내가 진행하고자 하는 유형을 선택하고 문항을 등록한다. 모두 등록하고 나서 설문지에 대한 URL을 부여 받으면 그 주소를 응답자에게 스마트폰이나 메일로 배포하고, 설문이 종료되면 자동으로 통계를 확인할 수 있다.

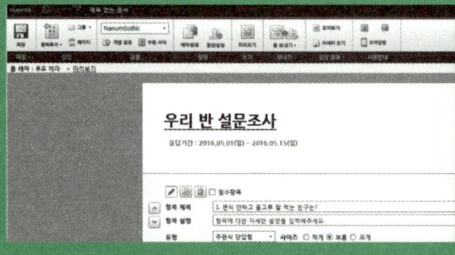

면접 조사법(인터뷰)

우리가 흔히 사용하는 면접 조사법은 1:1 인터뷰와 FGI(Focus Group Interview)라 하여 대표적인 그룹을 인터뷰하는 방식이 있다.

1:1 인터뷰

인터뷰 대상자를 면 대 면으로 만나서 질의-응답 형태로 진행되는 조사다. 사전에 질문하고자 하는 내용을 인터뷰 대상자에게 먼저 보내서 충분히 답변을 준비해올 수 있도록 하면 시간을 효율적으로 활용할 수 있다. 인터뷰 조사는 그 응답자가 해당 주제에 대한 전문가일 경우에 주로 활용된다. TV 뉴스나 교양 프로그램에서 종종 볼 수 있는 전문인 인터뷰가 이에 해당한다.

 1:1 인터뷰는 조사에 대한 신뢰성을 높이고, 주장하고자 하는 바에 대한 전문가의 의견을 더할 때 많이 활용된다. 예를 들어 우리학교 급식 시간에 나오는 음식물 쓰레기의 현황에 대해 알아보고자 할 때는 학교 영양사 선생님을 대상으로 인터뷰할 수 있다. 인터뷰를 진행할 때는 응답이 왜곡되게 전해지지 않도록 메모장에 인터뷰 내용을 꼼꼼하게 기록하여 활용한다. 직접 인용이 필요한 경우에는 인터뷰 대상자에게 사전에 양해를 구하는 녹음을 하는 것도 좋다. 추후 이 인터뷰 내용이 어떻게 활용될 것인가에 대해 사전에 인터뷰 대상자와 꼭 협의하여야 한다.

FGI(Focus Group Interview) 대표 그룹 인터뷰

FGI 인터뷰는 조사하고자 하는 집단을 대표할 수 있는 몇몇을 선정하여 그룹으로 인터뷰하는 방식이다. 만약 우리 학교 학생들을 대상으로 환경 문제에 대해 우리가 실천할 수 있는 방법에 대해 FGI 인터뷰를 하기로 했다면 우리 학교를 대표할 수 있도록 학년 별로, 남녀 각 한 명씩을 선정해서 총 여섯 명이 함께 인터뷰를 진행할 수 있다. FGI 인터뷰야말로 여러 명의 사람들이 답변하므로 인터뷰를 기록하는 사람이 두 명 정도 배정되어 빠짐없이 기록하거나 사전에 인터뷰 대상자들에게 양해를 구하고 인터뷰 내용을 녹음하는 것이 좋다. 인터뷰를 진행하기 전 사전에 질문지를 먼저 제공하면서 이 인터뷰를 수행하는 목적을 명확히 알려야 한다. 그래야 시간을 절약할 수 있고 효율적인 인터뷰를 진행할 수 있다.

관찰법

관찰법은 어떤 현상이나 사람들의 행동을 관찰, 기록해서 자료를 수집하는 방법이다. 관찰법은 조사자가 관찰을 공개적 혹은 비공개적으로 진행할 수 있으며 자연스러운 상황을 그대로 관찰하는 경우도 있고, 인위적으로 상황을 만들어놓고 관찰하는 경우도 있다. TV 프로그램 중에 특정인의 집에 카메라를 두고 일상생활을 관찰하는 경우 공개적이면서 자연스럽게 관찰하는 방법을 활용한다고 볼 수 있다. 우리 교실의 재활용 실태 조사를 위해서 쓰레기통을 조사하는 것도 관찰법이라고 할 수 있다. 관찰법으로 자료를 조사할 때는 관찰자가 최대한 공정하고 객관적인 입장에서 관찰을 진행하고자 노력해야 한다.

2차 자료 조사

2차 자료는 내가 직접 조사한 자료가 아니라 다른 사람이 시간과 노력을 들여 조사한 신뢰성을 가진 자료를 의미한다. 요즘엔 학술 논문도 인터넷 검색이 가능하기 때문에 대부분의 2차 자료는 모두 인터넷을 통해 조사한다고 해도 과언이 아니다. 따라서 인터넷 자료 조사의 방법과 유의점을 숙지하면 된다. 특히 2차 자료를 조사할 때에는 해당 주제에 관한 균형 있는 관점의 자료들을 다양하게 보는 것이 중요하다. 하나의 주제에도 다양한 관점의 기사나 연구 자료들이 있는데 너무 한쪽으로 편향된 자료만을 찾는다면 그 자료는 객관적이라고 할 수 없다.

예를 들어 우리 사회의 저출산 문제에 대한 자료를 찾는다고 생각해보자. 이때는 저출산 문제를 인구학적 관점에서, 사회·경제학적 관점에서, 젊은 층의 라이프스타일 등 문화적 관점에서 다양하게 바라볼 필요가 있다. 그래야 우리 사회의 저출산 문제의 원인과 그 해결 방안을 좀 더 객관적으로 다룰 수 있다. 혹시, 내가 원하는 결론을 뒷받침하는 자료만 찾고 있지 않은지 스스로에게 질문하며 최대한 객관화된 자료를 검색해보자.

2차 자료를 조사할 때 또 한 가지 주의할 사항은 개인 블로그나 포털사이트 게시판에 올라온 출처가 불분명한 글을 무작정 긁어오지 말아야 한다는 점이다. 발표에서는 신뢰할 수 있는, 출처가 명확한 자료들만 활용해야 한다. 또 자료를 인용할 때에는 꼭 출처를 밝히도록 한다.

자료 조사를 한 뒤에는 그 내용을 충분히 이해하고 숙지해야 내게 맞게 가공하는 것이 가능하다. 나에게 필요한 것인지 아닌지 판단하고 더 알아봐야 하는지 이것으로 충분한지도 판단해야 하며 내 목적에 맞는 자료인지 조금 핀트가 어긋난 것인지도 알아야 하기 때문이다.

인터넷 검색

흔히 하는 자료 조사 방법이 바로 인터넷 검색이다. 자신이 주로 방문하는 포털 사이트에서 키워드를 검색하면 관련된 뉴스, 블로그, 이미지, 동영상, 사전 등의 다양한 자료를 검색할 수 있다. 특히 뉴스나 지식백과 사전의 자료는 발표 자료로 참조하기에 좋다. 이미 한 번 검증이 끝난 자료이기 때문이다. 뉴스나 사전 등의 자료가 아닌 블로그나 카페에 게재된 자료는 출처를 명확히 확인하고, 그 글의 게시자가 직접 작성한 자료가 아닌데도 출처가 없다면 활용하지 않는 것이 안전하다.

연구 결과 자료

연구 결과 자료는 보통 논문이나 학술 자료를 의미한다. 연구자가 연구 절차에 따라 논문을 작성하여 일정 절차를 거쳐 공신력을 획득한 자료이므로 발표 자료로 활용하기에 좋다. 논문이나 학술 자료는 검색을 지원하는 다양한 검색 엔진이 있다. 아래의 몇 가지 검색 엔진을 활용하여 내가 발표하고자 하는 주제에 대한 다양한 학술 자료를 검색해보자.

학술연구정보서비스 RISS(http://www.riss.kr/)
교과부 산하의 연구정보 서비스 사이트로 한국교육학술정보원에서 관리하고 있다. 대부분의 학술 논문은 여기서 구할 수 있다.

프리즘(http://www.prism.go.kr)
정부에서 운영하는 정책연구관리 시스템으로 중앙행정기관 및 지방자치단체에서 수행한 정책 연구 정보를 공유하는 사이트로 양질의 자료를 얻을 수 있다.

국회도서관(http://www.nanet.go.kr/)
논문, 단행본, 학술발표회 자료 등을 검색할 수 있다.

구글 스칼라(https://scholar.google.co.kr/)
구글 스칼라는 구글에서 제공하는 학술자료 검색 엔진이다. 한글이나 영문으로 자료를 검색하면 내가 원하는 방식 즉, 연도 순, 주제 관련 순으로 학술 자료를 검색할 수 있다. 또 해당 자료가 인용되었던 횟수도 확인할 수 있고, 관심 있는 자료를 내 서재에 저장해놓을 수 있다.

네이버 전문정보(http://academic.naver.com/)
네이버 전문정보 역시 구글 스칼라처럼 네이버에서 제공하는 학술자료 검색 엔진이다. 이 공간에서도 관심 있는 자료를 스크랩하거나 내 도서관에 저장하여 관리할 수 있다.

이미지 자료
파워포인트로 발표 자료를 준비할 때에는 이미지를 많이 활용하게 된다. 하나의 이미지가 많은 것을 압축해서 설명하는 경우가 많기 때문이다. 파

파워포인트에서 활용하는 이미지란 디지털 이미지를 말하는 것으로 사진, 일러스트, 픽토그램 등을 모두 의미한다. 좋은 이미지란 자신이 전달하고자 하는 메시지를 최대한 정확하게 표현하는 이미지이다. 이미지 따로 글자 따로 움직이는 경우는 지양하고, 전달하고자 하는 메시지를 가급적 시각적으로 잘 표현할 수 있는 이미지 활용법을 연습해보자. 또 이미지를 활용할 때는 선명도가 높고, 누가 봐도 질이 좋은 이미지를 활용하는 것이 좋다. 이를 위해서는 평소에 질 좋은 이미지가 무엇인지 관심을 가지고, 이미지 사이트를 둘러보는 것도 도움이 된다. 다른 사람들이 발표 자료에서 어떤 이미지를 활용하고 있는지를 보는 것도 좋은 학습 방법이다.

이미지는 대부분 인터넷에서 검색하여 사용하지만, 본인이 직접 사진을 찍거나 이미지를 제작하는 경우도 있다. 직접 만든 이미지를 사용할 때는 상관이 없지만 인터넷에서 이미지를 검색, 다운받아 활용하는 경우는 그 이미지를 무료로 활용해도 되는지 저작권 문제를 꼭 확인해야 한다. 물론 학교에서 선생님이 내주신 과제를 할 때는 인터넷에서 검색한 이미지를 출처를 밝히고 사용하면 저작권 문제에 위배될 일은 없다. 하지만 디지털 이미지에 대한 저작권 문제가 날로 심각해지고, 우리가 수행한 과제를 인터넷에 올리는 경우도 종종 있으므로 이때 저작권 문제가 불거질 수 있다는 점을 명심하자.

무료로 사용해도 되는 이미지를 모아놓은 사이트를 소개한다. 다음 사이트에서 검색하는 이미지는 안심하고 무료로 사용해도 좋다.

pixabay http://pixabay.com/

630,000장이 넘는 무료 사진과, 이미지, 일러스트를 검색해서 사용할 수 있다. 회원가입을 하고 이미지를 검색해서 내가 원하는 이미지를 찾아보자. 한글과 영문으로 모두 검색이 가능하다.

위에서 보는 것처럼 pixabay에서 제공하는 무료 이미지들의 퀄리티는 매우 높다. 분야도 다양해서 찾고자 하는 거의 모든 이미지를 검색할 수 있다.

GRATISOGRAPHY http://www.gratisography.com/

이 사이트에서 제공되는 사진도 모두 무료이다. 시각적으로 퀄리티가 매우 높고, 다양하다. 발표 자료를 만들 때 화면 가득 사진 하나로 느낌을 전달하고자 할 때 사용해도 좋을 만큼 사진 작품들이 창의적이고 구도도 좋다. 아래 사진처럼 기발한 아이디어가 담긴 선명한 사진들도 무료로 제공하므로 발표 자료에 창의적인 아이디어를 더하고 싶을 때 이 사이트를 검색하면 좋을 것이다.

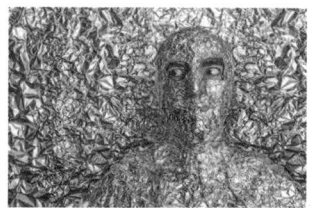

FLATICON http://www.flaticon.com/

이 사이트는 픽토그램을 무료로 다운받을 수 있는 사이트이다. 이 사이트만 활용해도 원하는 모든 픽토그램을 얻을 수 있다. 총 152,263개의 아이콘이 있으며, 2,278개의 패키지가 제공되고 있다. 픽토그램만 효과적으로 활용해도 발표 자료의 디자인적인 완성도를 훨씬 높일 수 있다.

TIP

픽토그램이란?

픽토그램은 사물, 시설, 행태, 개념 등을 일반 대중이 쉽게 알아볼 수 있도록 상징적인 그림으로 나타낸 일종의 그림 문자이다. 여러분이 읽고 있는 이 책에 나오는 귀여운 그림도 픽토그램이다. 픽토그램을 일관성 있게 활용하면 발표 자료가 한결 깔끔하고 통일성을 갖춘 것으로 보인다. 아래 그림들은 다양한 픽토그램의 예이다.

출처 밝히기

발표 자료 중 어딘가에서 인용한 자료를 제시할 때에는 아래와 같이 인용한 내용을 밝혀야 자료의 신뢰성을 확보할 수 있다.

책인 경우

저자명, 『저서명』, 출판사, 출판연도, p. 해당 페이지.
예) 장성익, 『환경논쟁』, 풀빛, 2012, p. 23.

학술저널 및 논문인 경우

저자명, "논문명", 『저널명』, 출판사, 출판연도 해당 호, p. 해당 페이지.
예) 서울연구원, "쓰레기 줄이기·분리수거 캠페인으로 소각장 폐쇄", 『세계도시동향』, 2015년 제362호, p. 19.

신문인 경우

저자가 있는 경우에는 저자명, "제목명", 『신문명』, 일자로 표기하고, 저자가 없는 경우에는 『신문명』, 일자로 표기한다.
예) 『문화일보』, 2016년 4월 15일자

인터넷인 경우

누구나 그 인용 부분을 가능한 한 손쉽게 찾을 수 있도록 끝에 html까지 그 페이지 주소창에 뜨는 부분을 모두 적어주는 것이 좋다.
예) https://www.youtube.com/watch?v=89RiELEQdXA

이미지의 경우

그림을 사용한 후 아래에 이미지의 출처를 밝힌다.
예) 이미지출처: https://pixabay.com/ko/양배추-상추-식물-야채-297131/

처음 가본 길이 익숙하다? "네비게이션 온!"

"자료 조사는 끝난 건가?"

설문 조사는 끝났고 관찰 보고서도 만들었다. 민우가 찾은 인터넷 자료는 양이 엄청났다. 그렇지만 처음부터 끝까지 어떤 내용을 발표할지, 그 흐름을 정하지 않으면 지금 가지고 있는 자료가 충분한지 아닌지 판단할 수 없었다. 자료가 아무리 많더라도 발표 내용에 따라 다 쓰지 못할 수도 있고 실제 필요한 자료는 부족할 수도 있다.

발표 구성안부터 만들어야 한다는 빛나와 자료 조사부터 끝내야 한다는 찬기 사이에서 민우가 갈피를 못 잡자 분식집 아저씨가 끼어들었다.

"둘 다 맞는 말이야. 자료 조사랑 발표 구성안 만드는 건 사실 동시에 하는 거라고 보면 돼. 자료를 토대로 발표 구성안을 짜고, 그 구성안을 보면서 또 필요한 자료를 찾고 하는 거지."

아저씨는 분식집 일을 하면서도 우리 이야기에 귀를 열고 있는 모양이다.

빛나가 말했다.

"그러니까 우리가 어떤 얘기를 할 건지를 정해야 돼. 어떻게 시작해서 어떻게 끝낼지."

"시작은 어쨌든 쓰레기 문제가 심각하다로 시작해야 하는 거 아니야?"

"결론은 그래서 우린 이렇게 하자로 끝나는 거고."

"중간에는?"

"우리의 현실 이야기를 해야지."

"그건 너무 뻔한 거 아니야? 쓰레기 심각하다. 우리가 심각하게 만들었다. 앞으로 잘하자. 그게 끝?"

"모두 알고 있는 문제인데 실천이 안 되는 게 문제잖아. 그러니까 그 이유가 뭔지 구체적으로 살펴보고 그 대안을 찾자 이거잖아."

"야, 쓰자 써!"

브레인스토밍 경험이 있기 때문에 일이 복잡하고 안 풀릴 땐 쓰는 게 최고라는 걸 안다. 그때 주문한 떡볶이가 나왔다.

"일단 먹고 하자."

모두 연필 대신 포크를 집어드는데 아저씨가 말했다.

"이제 스토리보드 쓰는 거야?"

"무슨 보드요?"

"스토리보드. 어떤 차례로 발표할지, 처음에 무슨 말을 하고 그다음에 어떻게 전개하고 어떻게 결론을 낼지 그 얘기 중이잖아. 그렇지?"

"그렇죠."

"그걸 구체적으로 적어보는 게 스토리보드야."

별것 아니라는 생각이 들었다. 머릿속이 복잡하면 쓰면 된다. 생각나는 걸 다 써놓고 순서는 나중에 바꾸어도 된다. 한 얘기 또 하는 것 같으면 빼면 되고, 더 필요한 게 있으면 또 자료를 찾으면 된다.

"논리적인 발표를 하려면 스토리보드를 만들기 전에 너희들 발표 내용의 논리 구조를 만들어두면 좋아. 너희들 발표의 목적은 설득이잖아. 그렇지?"

그렇다. 지금 현재 잘 안되고 있는 것을 잘하게 만들려면 반드시 설득이 필요하다.

"그럼 이렇게 한번 해볼래? 너희들 발표 내용을 Why, What, How로 나누어서 정리해보는 거야."

'왜, 무엇을, 어떻게'로 정리하라고?

"발표의 목적은 뭐지? 왜 이 발표를 하지? 같은 것을 Why로 정리해."

아이들이 한마디씩 했다.

"쓰레기 분리수거를 잘하자는 거죠."

"그래야 쓰레기 양이 줄어드니까. 쓰레기 문제가 심각하거든요."

"음… 알고는 있는데 실천하지 않는 게 문제니까. 어떻게 실천해야 하는지 알려주려고?"

"좋았어. 그래서 발표의 핵심 내용은?"

"우리 학교의 쓰레기 현실. 완전 엉망이거든요"

"그걸 어떻게 보여줄 거야? 그게 How에 들어가는 거야."

"교실 쓰레기통 사진도 보여주고."

"설문 조사도 했어요. 분리수거가 잘 안되고 있다는 결과가 나왔거든요."

"응, 그럼 그다음엔?"

"방법과 대책을 알려주는 거죠."

"어떻게 알려주는데? 방법과 대책이라는 핵심적인 What을 몇 가지의 How로 정리해줘야지."

아하! 민우는 좀 정리가 되는 느낌이었다. 그래서 큰 종이에 표를 그렸다.

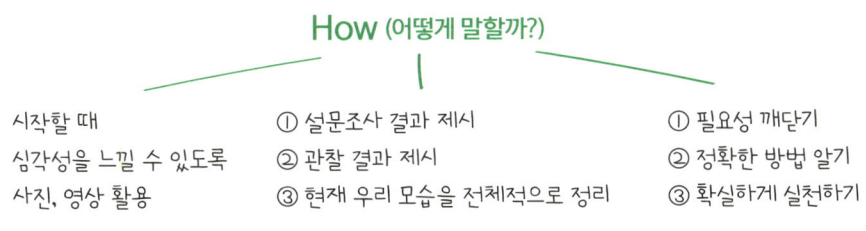

▲ Why-What-How

이렇게 만들어놓고 보니 스토리보드 쓰는 건 어렵지 않았다. 민우와 아이들은 머리를 맞대고 이야기의 흐름을 잡았다. 처음에는 쓰레기로 몸살을 앓는 지구, 그중에서도 우리나라의 모습을 인상 깊게 보여준다. 지구별이 쓰레기별이 되는 이유는 우리 각자가 쓰레기 문제에 큰 관심을 두지 않아서인데 그런 우리들 현재의 모습을 보여준다. 여기에 설문 내용과 교실 관찰 내용이 들어간다. 그런데 알면서도 왜 실천을 못 하는 것일까 분석한다. 이유를 알면 대안을 찾을 수 있다. 몇 가지의 실질적인 대안을 마련한다. 당장 실천에 옮길 것들을 정리하고 결론적으로 우리가 함께 변화해야 한다는 것을 설득한다.

민우는 정리된 내용을 포스트잇에 하나씩 적었다. 아저씨는 스토리보드는 어떤 형식으로 만들어도 상관없다고 했다. 발표 내용과 순서를 한눈에 볼 수만 있으면 그게 스토리보드라는 것이다. 표로 만들어도 되고 순서도를 그려도 된다. 그런데 포스트잇을 사용하면 스토리보드를 수정하기가 쉬울 것 같았다. 그러니까 세 번째 순서였던 것을 네 번째와 바꾸거나 없던 내용을 나중에 집어넣거나 겹치는 내용을 삭제하기가 쉬운 것이다. 포스트잇을 떼어내서 위치를 바꾸거나 중간에 새로운 포스트잇을 덧붙이거나 하면 되니까.

1. 제목 페이지
최종 제목 넣으면
쓰레기 줄이기 관련
이미지 넣기

우리 학교 쓰레기 줄이기
(제목 나중에 수정)
청개구리조 조원 이름 넣기

[발표순서]
이미지
1. 쓰레기 문제 심각하다
2. 우리 학교의 모습
3. 쓰레기 줄이기 위한 방법

2. 목차 페이지
1번: 마이크 이미지?

3. 쓰레기 문제
심각하다
동영상: 쓰레기 대역사
(유튜브)에서
07:57~08:56까지
자르기

쓰레기 문제 심각하다
동영상
(쓰레기 계속 이렇게 버리면
어떻게 되는지?)

우리는 왜 쓰레기를
줄여야 하는지?
1. 생태계 파괴   2. 땅이 좁아서
쓰레기 묻을 곳 없어
홍수, 가뭄
이미지
독일 일본 한국(3가배)

4. 쓰레기 줄여야
되는 이유
이미지는 사진으로...
그래프로 우리나라
확실히 강조

5. 교실 쓰레기통
관찰 모습
찬기 사진 중에서
점심 시간 이후
찍은 거하고,
쓰레기 분류한 것

우리 학교의 모습 -교실 쓰레기통
찬기 사진1
- 일반 쓰레기 중 반절 이상이
재활용 쓰레기
(종이, 플라스틱 많음)
- 음식물 쓰레기, 액체도
많이 들어감

우리 학교의 모습 -재활용 쓰레기통
찬기 사진2
- 재활용 쓰레기 종류가
많은데 하나의 통에서 관리
- 플라스틱 병, 우유곽 등에
여전히 음식이 남아 있음

6. 재활용 쓰레기통
관찰 모습
재활용 쓰레기통 사진,
분리해놓은 사진 함께

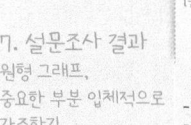
7. 설문조사 결과
원형 그래프,
중요한 부분 입체적으로
강조하기

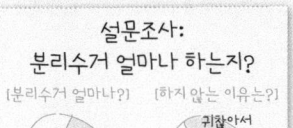

8. 설문조사 결과
중요한 부분
빨간 색으로 강조

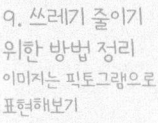
9. 쓰레기 줄이기
위한 방법 정리
이미지는 픽토그램으로
표현해보기

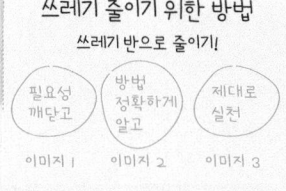

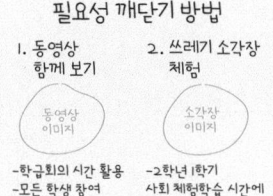

10. 방법1:
필요성 깨닫기
동영상 이미지는 쓰레기
대역사 화면 캡처
소각장 이미지는 사진으로

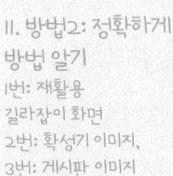
11. 방법2: 정확하게
방법 알기
1번: 재활용
길라잡이 화면
2번: 확성기 이미지,
3번: 게시판 이미지

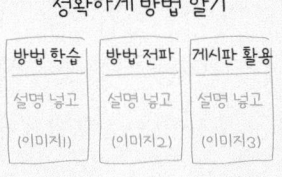

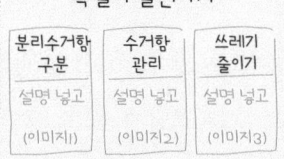

12. 방법3: 확실히
실천하기
1번: 분리 수거함 사진
2번: 분리수거함에
쓰레기 버리는 모습
3번: 재활용 마크

▲ 스토리보드 만들기

 발표 자료를 만들고 발표 연습을 하고…. 아직 갈 길이 멀었지만 스토리보드를 만들고 나니 별로 두렵지 않았다. 스마트폰에 성능 좋은 네비게이션 앱을 깐 기분이랄까? 그것만 있으면 초행길이 두렵지 않다.

발표의 네비게이션 '스토리보드' 만들기

발표의 논리적 구상이 완료되었다면 이제 자료를 만들어볼 차례다. 이때 바로 파워포인트를 사용해 자료를 만들 수도 있지만 발표 자료를 전문적으로 만드는 세계적인 전문가들도 바로 PC를 켜지 않고, 일반 노트에 스토리보드라는 것을 쓴다. 본격적인 파워포인트 작업을 하기 전에 화면마다 어떤 내용을 넣을지 이미지와 글자를 배치하고, 전체 발표 자료의 흐름을 직접 손으로 만들어보는 것이다.

스토리보드란?

스토리보드는 발표 자료를 만들 때뿐만 아니라 영화·만화·다양한 영상 콘텐츠 등을 만들 때 실제 제작에 들어가기 전에 제작 후의 모습을 상상하며 전체 흐름을 그림과 글로 표현하는 문서이다. 상대방에게 보여주는 화면을 먼저 손으로 그리면서 구성해보고, 그 화면을 만들 때 어떤 부분을 고려해야 하는지 화면 설명도 함께 넣는 것이다. 스토리보드는 발표 자료의 네비게이션이라고 할 수 있다.

오른쪽 예시에서 보는 것처럼 스토리보드를 종이에 펜으로 작성하고 그것을 기반으로 파워포인트 자료를 만드는 작업이 이뤄진다. 세계적인 PT 디자인 전문가인 낸시 두아르떼는 펜과 연필, 크레용 같은 것으로 아이디어를 그려내는 것이 본인의 작업의 기초이고, 또 이 작업을 통해서 많은 아이디어들을 걸러내고 정리할 수 있다고 했다.

스토리보드를 작성할 때는 A4 용지, 연필, 지우개, 색연필 정도만 있으

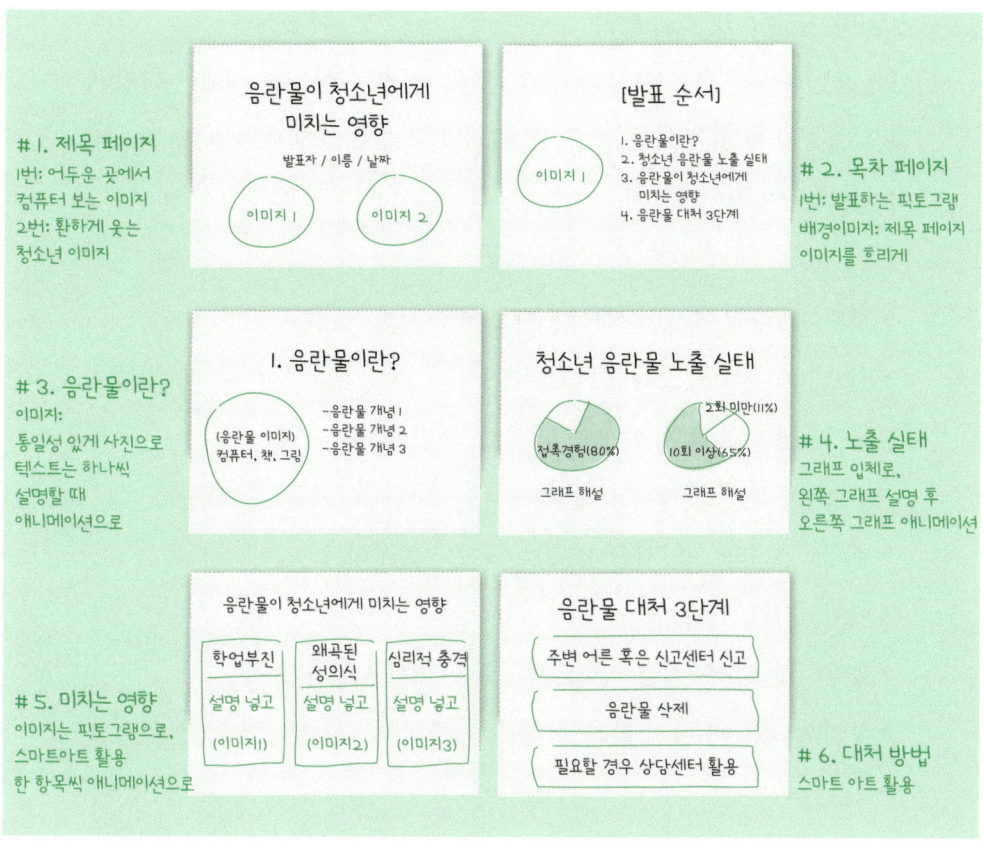

▲ 스토리보드의 예

면 충분히 원하는 발표 자료의 스케치를 할 수 있다. 이렇게 작성된 스토리보드를 친구들과 보면서 전체 흐름을 이야기로 표현해보고, 어색한 부분은 다시 수정한다. 수정을 여러 차례 반복할수록 좋은 발표 자료를 만들 수 있다.

스토리보드로 전체 흐름 잡기

스토리보드를 가지고 소리를 내어 전체 흐름을 이야기할 때에는 다음과 같은 접속사를 활용해서 슬라이드에서 슬라이드로의 연결이 물 흐르듯 자연스러운지 확인해보자.

- 결과 : 따라서, 결국, 그래서, ~때문에
- 원인 : 왜냐하면, 그러한 배경에는…
- 추가 : 그리고, 또한, 아울러, 더욱이, 뿐만 아니라…
- 강조 : 특히, 그중에서도…
- 반대 : 그러나, 그렇지만, 반대로, ~에도 불구하고
- 예외 : 다만, 단지, 단…
- 요약/정리 : 요약하면~, 결론적으로 말해서~, 이와 같이…
- 부연/반복 : 즉, 다시 말해, 물론…

스토리보드 작성 양식

스토리보드를 처음 쓸 때는 A4 사이즈 종이에 포스트잇을 붙여서 포스트잇 한 장을 파워포인트 슬라이드 한 장이라고 생각하고 아이디어를 정리해보는 것이 좋다. 그렇게 정리하면 생각이 달라질 때 해당 포스트잇을 떼고 새로운 것을 붙여서 다시 정리하면 되고, 또 화면 별로 순서를 변화시키고 싶을 때 이동하기도 쉽다.

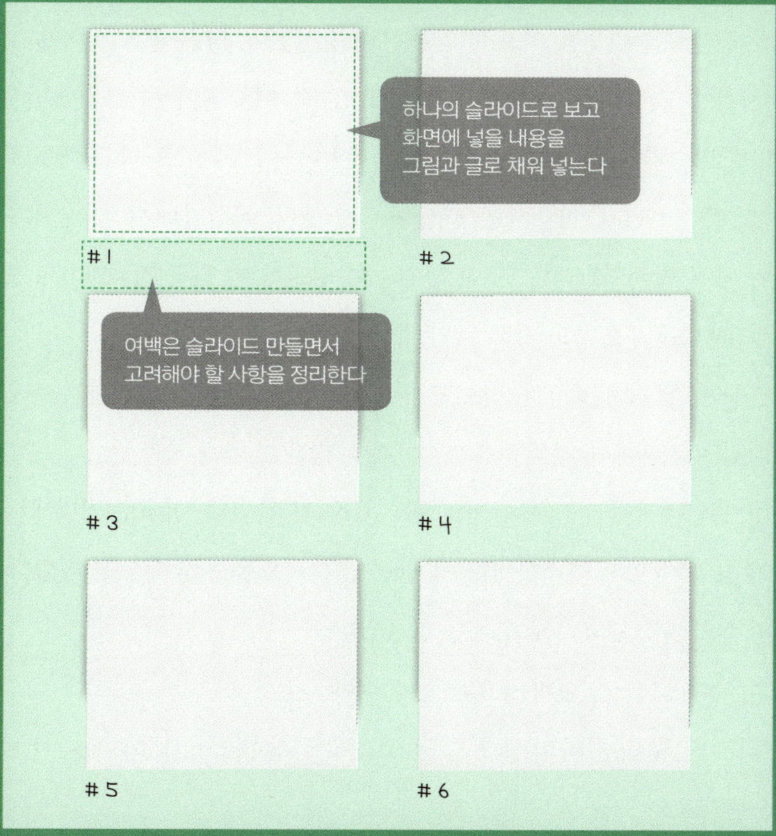

> 하나의 슬라이드로 보고 화면에 넣을 내용을 그림과 글로 채워 넣는다

#1   #2

> 여백은 슬라이드 만들면서 고려해야 할 사항을 정리한다

#3   #4

#5   #6

▲ 스토리보드 작성 양식 예

신나는 PPT 놀이 "핵심을 보여줄게!"

발표 자료는 PPT를 이용해 만들기로 결정했다. 다른 조도 대부분 PPT를 사용할 것이다. 초등학교 때부터 PPT 숙제를 많이 해봤지만 민우는 PPT에 익숙하진 않았다. PPT를 잘 다루는 아이들은 초등학교 때도 화려한 쇼 같은 PPT 슬라이드를 만들어오곤 했다. 어딘가에서 슝 글자가 날아와 쾅쾅 박히기도 하고 멋진 사진들이 정신 없이 휙휙 지나가기도 했다. 그런 걸 보면 부럽기도 했고 기가 죽기도 했다.

민우는 이 참에 PPT 슬라이드 만드는 비법을 제대로 배워볼까 싶었다. 분식집 아저씨에게 부탁해볼까? 이제껏 많은 조언을 해주었으니 PPT 슬라이드를 멋지게 만드는 방법도 가르쳐줄 것 같았다. 민우도 이번에는 글자가 슝 날아오고 화려한 배경이 깔린 슬라이드를 만들어보고 싶었다. 하지만 아저씨는 단호하게 고개를 흔들었다.

"아니야, 그런 건 절대 중요한 게 아니야."

"하지만 발표 슬라이드가 일단 멋져야 되잖아요. 그래야 애들이 보고 와! 한다고요."

"그래? 뭘 보고 와! 했는데?"

"1학년 때 본 건데요. 글자가 하나씩 나타나기도 하고요 모래알처럼 스르르 흩어지기도 하고. 사진이 사라질 때도 빙빙 돌면서 멀어지고 뭐 그렇던데요?"

"뭐에 관한 발표였는데?"

"어, 그건 기억 안 나는데 아무튼 멋졌어요."

"발표 내용이 뭐였는지 기억 안 나면 아무 소용없는 거 아니야? PPT 콘테스트를 하는 것도 아니고. 내용을 잘 전달하기 위해서 PPT를 쓰는 건데 PPT를 화려하게 만드는 것만 신경 쓰면 알맹이와 포장지가 바뀐 거잖아."

그런가? 듣고 보니 그런 것 같았다. 과자 포장지는 화려하고 멋진데 뜯어보니 내용물이 형편없으면 화가 난다. 책의 표지는 화려하고 재미있어 보였는데 나중에 책 내용이 도무지 기억나지 않는다면 그것도 좋은 책이라고 할 수는 없겠지!

PPT 자체가 너무 화려하면 발표를 듣는 사람은 그것에 신경을 빼앗겨서 정작 발표자가 무슨 말을 하는지에 집중할 수 없다고 했다. 그렇다면 하지 않느니만 못한 발표가 될 것이다. PPT의 이런저런 효과를 사용하더라도 그게 내용을 돋보이게 해주는가를 판단해야 할 것 같았다. 시선을 분산시키거나 너무 어지럽고 복잡한 효과는 사용하지 않는다는 원칙을 정해두었다.

민우는 아빠의 노트북을 분식집으로 가져왔다. 분량을 나누어 각자 집에서 슬라이드를 만들까도 생각했지만 그러기엔 서로 의논해야 할 것이 너무 많았다. PPT 슬라이드 배경 색깔부터 글씨체, 사진을 뭘 쓸까, 동영상 클립을 넣을까, 모든 것을 다 함께 정해야 했다. 민우는 PPT 만드는 일에 별로 익숙하지 않아서 자신이 없었다.

템플릿을 만들자

"일단 템플릿을 정하자."

찬기가 말하자 예주가 "그게 뭔데?" 하고 물었다.

"슬라이드 디자인. 전체적인 색깔, 배경 뭐 그런 거. 그냥 하얀 색 바탕에 쓸 건지. 색을 넣을 건지. 아니면 테두리를 만들 건지. 종이로 치면 흰 도화지에 하느냐 색깔 도화지에 하느냐 아니면 깔끔하게 보이도록 테두리를 치느냐 뭐 그런 거야. 칠판처럼 보이는 것도 있고 땡땡이 무늬도 있고."

"그거 만들기 어렵지 않아?"

"무료로 주는 데가 있어. 그냥 갖다가 쓰면 돼."

찬기가 무료 템플릿 사이트에 들어갔다. 찬기는 PPT를 잘 다룰 줄 아는 모양이다. 다행이다. 무료 사이트에서 제공해주는 템플릿을 보니 입이 딱 벌어졌다. '이렇게나 많이?' 싶었다. 탐나는 예쁜 템플릿이 많았지만 '원칙'을 잊지 않기로 했다. 즉, "이것은 내용물을 돋보이게 해주는 포장인가?" 하는 점이다.

환경 관련 주제이므로 깔끔한 녹색 테두리 템플릿을 골랐다. 템플릿을 고르고 컴퓨터에 다운로드를 한 후 압축을 풀고 나자 파일이 열렸다. 템플릿 파일 안에는 제목 슬라이드에서부터 목차, 본문, 마지막 페이지까지 기본적인 슬라이드가 모두 들어가 있었다.

만들어진 틀 안에 내용만 채워 넣으면 되는 일이었다. '이렇게 쉽다니' 하는 생각이 들 정도였다.

"자, 이제 여기를 채워야지. 제목은 뭘로 정하지?"

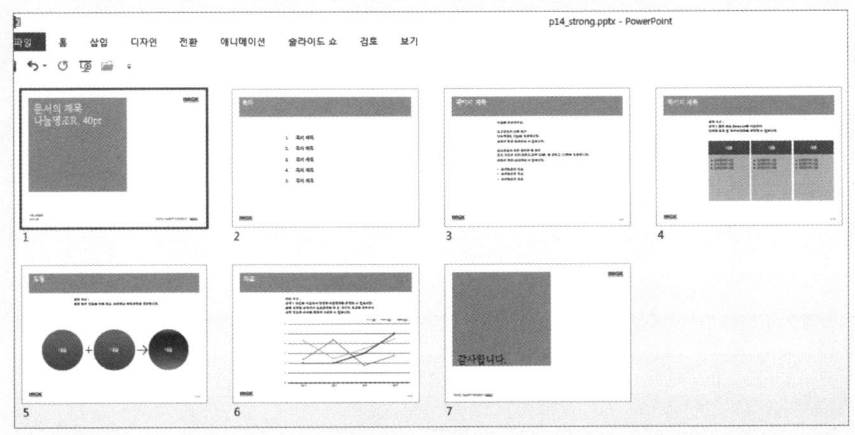

▲ http://office.naver.com/에서 무료로 제공하는 슬라이드 양식을 활용하여 일부 색을 수정한 템플릿

제목 정하기

우리의 주제는 "환경을 지키기 위한 실천. 우리 학교 쓰레기를 줄이자!"이다. 그 주제를 한눈에 드러낼 수 있는 제목은 뭐가 있을까? 생각이 나지 않을 때엔? 또는 이것저것 마구잡이로 생각날 때는? 그렇다, 우리가 여러 번 해본 브레인스토밍을 하는 거다.

쓰레기를 줄이자

환경을 살리자

환경 개선을 위해 우리 학교 쓰레기 줄이기

모아 버리면 쓰레기, 나누어 버리면 재활용

교실 쓰레기통의 변신

▲ 제목 브레인스토밍

환경 개선과 실천, 쓰레기 줄이기에 중점을 두고 제목을 〈환경 개선을 위해 우리 학교 쓰레기 줄이기〉로 잡고 제목 슬라이드를 만들어봤다.

```
┌─────────────────────────────┐
│      사회 프로젝트 수업 발표      │
│                             │
│        환경개선을 위해          │
│      우리학교 쓰레기 줄이기       │
│                             │
│      발표자 : 첫개구리조         │
│     홍민우, 김찬기, 갈빛나, 이예주  │
└─────────────────────────────┘
```

▲ 제목 슬라이드 만들기1

그렇지만 너무 당연한 얘기를 하는 것 같아 호기심이 생기지 않았다. 쓰레기의 양을 줄이려면 재활용하는 부분이 많아야 하고 그러려면 분리수거를 잘해야 한다는 핵심 내용을 제목에 넣으려면 어떻게 해야 할까? 의논 끝에 〈우리 학교 재활용 50% UP! 쓰레기 50% DOWN!〉이라는 제목을 만들었다. 단순하면서도 전하고자 하는 메시지를 확실하게 표현해 주는 느낌이었다.

```
┌─────────────────────────────┐
│      사회 프로젝트 수업 발표      │
│                             │
│           우리학교             │
│        재활용 50% Up !        │
│        쓰레기 50% Down!       │
│                             │
│      발표자 : 첫개구리조         │
│     홍민우, 김찬기, 갈빛나, 이예주  │
└─────────────────────────────┘
```

▲ 제목 슬라이드 만들기2

목차 정리하기

이제 목차 페이지를 만들 차례다. 목차 페이지는 발표의 순서를 보여주는 페이지다. 우리가 발표할 핵심 메시지는 "쓰레기 문제 심각하다 ⇨ 지금 우리의 모습 ⇨ 개선 방향"이 세 가지였다. 이런 메시지를 한눈에 볼 수 있으면서도 너무 딱딱하지 않은 소제목을 만들었다.

▲ 발표 순서 정하기

'일단 시작을 어떻게 할까'가 고민이었다. 물론 환경오염에 대한 문제 제기를 할 것이다. 하지만 그걸 어떤 방식으로 보여주느냐가 문제다. 첫 화면은 첫인상과 같다. '이 발표가 재미있겠다'는 기대감을 주려면 뭔가 흥미롭거나 궁금증을 일으키는, 또는 새로운 자극을 주는 내용이 필요하다.

빛나가 말했다.

"오프닝을 동영상으로 하면 어떨까? 동영상을 보여주면 아무래도 글씨나 사진보다 훨씬 더 집중이 잘될 거야."

민우는 반가운 마음이 들었다. 안 그래도 찾아본 자료 중에 주제에 꼭 맞을 것 같은 동영상이 있었기 때문이다. 민우는 찾아둔 몇 가지 동영상을 아이들과 함께 돌려보았다. 환경부에서 만든 재활용 공익광고인 〈쓰레기도 족보가 있다〉와 MBC 뉴스 〈남한면적 14배 쓰레기섬 치울 수 있을까〉, KBS 시사기획 창의 〈쓰레기의 반란〉도 보았다. 서울시에서 만든 홍보영상 〈쓰레기 대역사〉도 아주 재미있게 보았다.

아이들은 그중에서도 〈쓰레기 대역사〉에 흥미를 보였다.

"우리나라 쓰레기 매립 비율이 독일의 37배나 돼? 정말로?"

"우리나라가 독일보다 땅이 더 작잖아."

"그래, 그러니까 계속 이런 식이면 안 된다는 거지."

"와, 이건 다른 애들한테도 꼭 얘기해줘야겠다."

〈쓰레기 대역사〉는 전체가 12분인 동영상이었는데 청개구리조는 그중에서 가장 인상 깊은 1분만 편집하기로 했다. 전체 내용 중에서도 왜 쓰레기 문제가 심각한지에 대해 압축적으로 설명할 수 있는 부분만 발췌한 것이다.

이렇게 시작을 해주고 그다음엔 우리의 모습을 보여줄 차례다. 찬기가 잘 정리해둔 보고서가 있으니 그걸 정리하면 될 일이다.

"사진을 넣자"고 찬기가 말했지만 빛나가 반대했다.

"이 사진을 그대로 넣자고? 지저분한 쓰레기 사진을?"

"나는 이걸 손으로 다 만졌는데 뭐가 지저분하냐? 우리가 지금 어떤 모습인지를 제대로 알려줘야 하니까 사진을 딱 보여주는 게 제일 확실하지 않을까?"

"사진이 여러 장인데 뭘 넣게?"

"다 넣어야지."

"뭐?"

"봐, 아침 다르고 점심시간 다르고 하교할 때 다르잖아. 사진을 다 보여 줘야 이렇게 엉망으로 변하는구나를 알지."

민우가 보기에 빛나와 찬기는 계속 부딪친다. 처음에 한 번 의견 대립이 있자 그 이후로도 계속 그렇다. 정말 의견 대립이 있는 건지 아니면 그냥 사이가 좋지 않아서 반대하기 위해서 반대하는 건지 헷갈렸다. 하긴 찬기와 빛나가 성격이 아주 다르긴 했다. 둘은 계속 주장을 굽히지 않았다. 빛나는 관찰 결과를 슬라이드 한 장에 정리해서 넣자고 했고 찬기는 사진을 반드시 넣어야 된다고 고집했다.

민우는 누구 말이 옳다고 할 수가 없었다. 이미 오랜 시간 말다툼을 이어가고 있기 때문에 이제 와서 누구 편을 들 수가 없었다. 예주도 눈치만 보며 조용히 앉아 있다가 갑자기 말했다.

"그럼 민우가 결정해. 민우가 조장이잖아."

"뭐?"

민우는 화들짝 놀랐다. 빛나와 찬기도 민우를 쳐다봤다. 빛나가 새침하게 말했다.

"좋아. 조장이 결정해."

찬기도 고개를 끄덕였다. 민우는 난감해졌다. 대체 누구 편을 들어야 할지 알 수가 없었다. 찬기가 밥도 급하게 먹고 뛰어가서 쓰레기통을 뒤지며 얼마나 고생했는지는 알고 있다. 만일 그 일을 빛나나 예주가 맡았다면 찬기만큼 했을까? 물론 빛나나 예주도 설문 조사에 공을 많이 들였다. 하지만 준비하면서 얼마나 힘들었나를 발표의 기준으로 삼을 수는 없었다.

민우는 다시 스토리보드를 꺼냈다. 어떤 흐름으로 발표를 진행할지 같이 정한 스토리보드다. 민우는 아저씨의 말을 다시 떠올렸다. 스토리보드는 길을 찾게 해주는 내비게이션이다. 각자의 생각대로 주장대로 이리저리 왔다 갔다 한다면 영영 목적지에 도착하지 못할 것이다. 이럴 때 내비게이션을 켜고 설정해둔 목적지를 헤매지 않고 찾아가야 한다.

"우리 처음으로 돌아가보자. 교실 관찰 결과를 발표에 넣는 이유는 우리의 지금 모습이 어떤가를 확실히 보여주자는 거잖아. 두 번째 목차 부분에 교실 관찰 결과와 설문 조사 결과, 두 개가 동시에 들어가야 해. 우리 전체 발표가 15분인데 인사하고 입장 퇴장하고 동영상 보고. 여기에 들일 수 있는 시간은 1분 정도밖에 안 되지 않을까?"

예주가 열심히 고개를 끄덕였다. 지금은 누구 편을 드는 게 중요한 게 아니라 발표를 잘하려면 어떻게 해야 좋을까를 판단해야 한다. 우리 모두의 발표니까. 발표가 잘되고 평가를 잘 받으면 모두에게 좋은 일이다.

"찬기가 준비해온 내용은 아주 중요한 거야. 그러니까 핵심만 딱 잡아서 한 장으로 기억에 남게 보여주는 게 더 좋을 것 같아. 너무 여러 장 보여주면 도리어 기억에 안 남을 수도 있어."

빛나와 예주가 동시에 고개를 끄덕였다. 그러자 찬기가 뜻밖에 쿨하게 인정했다.

"아, 그건 그러네."

민우는 다행이라 생각했다. 찬기에게 고맙다는 마음까지 들었다. 서로 마음이 상한 채로 모임이 이어지면 주변 사람이 더 피곤해지니까. 마음이 놓이면서도 조금 억울한 마음도 들었다. 하고 싶지도 않았던 조장을 맡았다는 이유로 이런 의견 대립에서 일일이 중재자 역할을 해야 한다니!

이미지 활용하기

관찰 결과를 알려주는 페이지에 들어갈 이미지를 검색했다. 찬기가 픽사베이에 들어갔다. 여기에는 63만 장의 사진과 일러스트가 저장되어 있는데 그것들을 다 마음대로 갖다 써도 된다는 것이다.

"정말? 전에 들은 얘긴데 인터넷에서 사진 같은 거 그냥 다운받아 쓰면 법에 걸린다던데? 고발 당하면 경찰이 전화하고 합의금도 내야 되고 뭐 그런대."

"아무 이미지나 막 갖다 쓰면 그렇지. 하지만 그냥 갖다 써도 된다고 여기 쓰여 있잖아."

정말 그랬다. 어떤 용도로 써도 되고 심지어 상업적인 용도로 써도 되는 무료 이미지가 잔뜩 있었다. 게다가 이런 무료 이미지 사이트는 한두 개가 아니었다. 민우가 입을 벌리고 있는 사이, 찬기는 분리수거 가능 쓰레기인 빈 병과 플라스틱, 비닐류 등의 이미지를 찾아냈다. 그리고 관찰 결과 발견한 사항으로 다음 세 가지를 알려주기로 했다.

- 일반 쓰레기통에 재활용 쓰레기가 마구 섞여 있었다는 것(비율로 따지면 반 이상)
- 재활용 쓰레기 역시 버리는 방법이 잘못되어 재활용할 수 없는 상태라는 것(음식물이 남아 있거나 액체 등도 마구 섞임)
- 일반 쓰레기통에 들어 있는 재활용 쓰레기가 종이, 플라스틱, 비닐류 순으로 많았다는 것

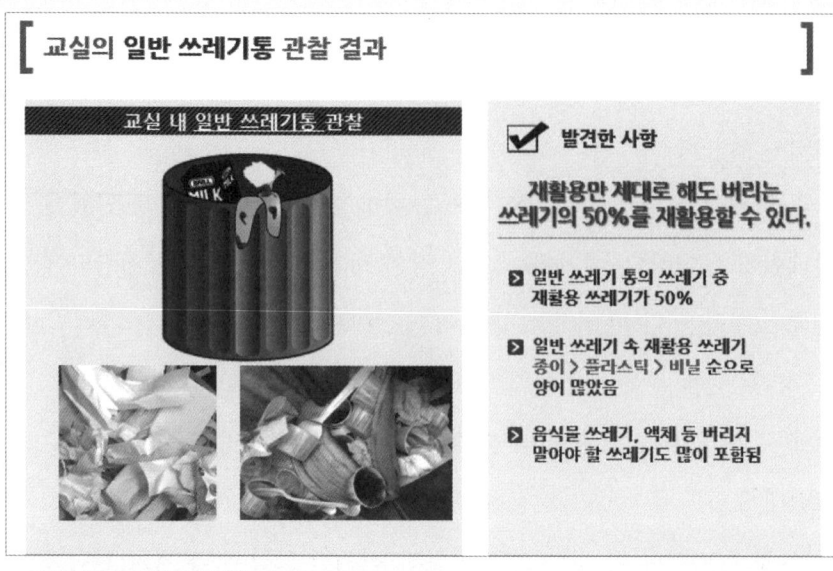

▲ 교실의 일반 쓰레기통 관찰

"이 뒤에 설문지 결과를 넣어야겠지?"

설문 결과는 나왔지만 한눈에 볼 수 있게 만드는 게 중요했다.

"그래프를 그리자."

"그래, 원그래프가 보기에 가장 좋을 것 같아. 누가 원그래프 그리는 방법 알아?"

"이건 일일이 그려야 하나? 템플릿처럼 이것도 무료로 제공해주는 데가 있지 않을까?"

"글쎄, 그건 잘 모르겠는데."

막혔을 때 시원하게 뚫어주는 사이다 분식집 아저씨가 나섰다.

"설문 조사 결과는 엑셀 파일에 정리해놓았지? 일단 엑셀에서 그래프를 그린 다음에 그걸 파워포인트에 복사해서 붙여넣기 하면 돼. 어떤 그래프를 만들고 싶어?"

"음. 원그래프요."

찬기가 마우스를 잡고 아저씨가 옆에서 코치를 해주었다. 찬기는 아저씨의 도움을 받아 한동안 마우스로 클릭과 드래그를 반복했다. 그러자 마술처럼 선명한 색깔과 모양의 원그래프가 만들어졌다.

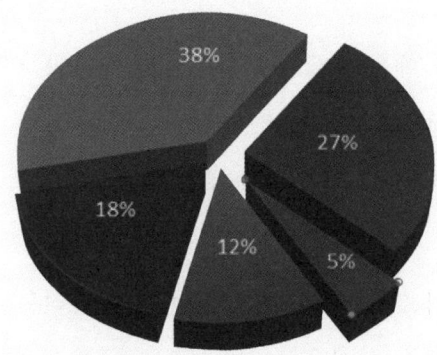

▲ 설문 결과를 그래프로 만들기

몇 번의 클릭과 드래그로 이런 예쁜 그래프가 만들어지다니. 놀랍긴 했지만 따라 하기에 크게 어렵지 않은 것 같았다.

"메뉴를 꼼꼼히 보고 여기저기 들어가보면 필요한 것들을 다 찾을 수 있어. 필요한 것 대부분이 인터넷에 다 들어 있으니까. 우린 그것들을 찾고 선택할 수 있는 눈과 손가락만 있으면 되는 거야."

민우가 놀란 것이 바로 그 부분이었다. 찾아보면 있다는 것. 처음부터 끝까지 혼자 만들어야 하는 것이 아니라 이미 만들어진 것을 얼마든지 빌려 쓸 수 있다는 것, 누군지도 모르는 사용자를 위해 자신이 만든 이미지나 동영상, 폰트, 그 밖에 많은 것들을 공개하는 사람이 그렇게 많다는 것. 그런 모든 도움이 놀라웠다.

클로징

"이제 어떻게 끝내지?"
"처음에 동영상으로 시작했으니까 마지막도 짧은 동영상을 보여주면 어때?"

그것도 좋은 생각이다. 처음 오프닝에서 쓰레기에 관심을 갖지 않아서 생기는 문제에 대해 얘기했으니 끝은 분리수거를 잘해서 쓰레기가 새로운 물건으로 재탄생하는 모습을 보여주는 것으로 마무리하면 훌륭할 것이다.

공익광고 중 멋진 자동차가 보인다. 그 옆을 작은 깡통이 하나 굴러온다. 그리고 근엄하게 말한다. "아임 유어 파더!" 알미늄 깡통을 재활용하면 이렇게 멋진 자동차의 몸체로 사용될 수 있다는 것을 알려주는 재미있는 동영상이다. 두루마리 휴지의 조상은 우유곽이라는 것, 플라스틱 인형의 조상이 우리가 버린 빨대라는 것도 알 수 있다. 이것 역시 전체 3분짜리 동영상을 1분 30초로 편집하고 나서 만들어진 슬라이드를 모두 출력했다. 우리 힘으로 만든 것이지만 정말 훌륭해 보인다. 모두 뿌듯했다. 예주가 말했다.

"페이지마다 우리만의 로고 같은 걸 넣으면 어때? 다른 발표 자료들 보면 그런 게 있던데. 잘 만든 블로그 보면 사진마다 자기 이름을 넣거나 뭔가 표시를 넣었더라고."

좋은 생각인 것 같았는데 빛나는 그렇게 생각하지 않은 모양이었다.

"난 반대야. 안 그래도 사진도 많고 표도 있고 복잡한데 로고까지 들어가면 더 복잡해 보일 거야."

예주는 누군가 자기 의견에 반대를 하면 금세 풀이 죽는다. 그래서 예주의 의견에 대놓고 반대하기보다는 "그것도 좋은데 이건 어떨까?" 하는 식으로 좀 풀어주어야 한다. 하지만 빛나는 직설적인 편이라 그렇게 돌려 말하는 건 잘하지 못한다. 예주는 금세 표정이 어두워졌다.

민우가 슬쩍 끼어들었다.

"그럼 제목 페이지랑 마지막 페이지에 우리 로고를 넣으면 어떨까? 그 부분이 조금 허전하잖아. 그리고 어차피 우리가 인사도 해야 하는데. 그때 로고도 뜨면 좋을 것 같아."

예주의 표정이 조금 풀어지는데 찬기가 "이거 어때?" 하고 보여주었다. 무료 이미지 사이트에 있는 아주 귀여운 개구리 일러스트였다.

"오오!"

▲ 심볼로 정한 청개구리 이미지

이 정도라면 앞 뒤 페이지에 넣는 걸로 아주 적당했다. 이런 일러스트가 들어가는 것이 오히려 발표 슬라이드의 전체적인 분위기를 부드럽게 만들어주는 것 같았다.

마지막 페이지에는 개구리가 "땡큐~!"라고 말하는 그림을 넣었다. 다들 웃음을 터뜨렸다. 오랜 작업 때문에 피곤했지만 기분이 좋았다. 기분을 업 시켜주는 개구리. 좋은 청개구리다.

한눈에 쏙
들어오는 발표 자료 만들기

한눈에 쏙 들어오는 자료를 만들 때 기억해야 할 세 가지

지금까지 발표 주제를 정하고, 그 주제를 우리가 왜 이야기하는지 무엇을 어떻게 이야기할 것인지에 대한 논리적 구상을 진행했다. 논리적 구상과 함께 관련 정보를 수집하고, 자료를 찾으면서 발표 자료를 어떻게 구성할 것인가를 조금씩 다듬어 가며, 스토리보드를 작성했다. 지금까지는 주로 노트와 연필로 밑그림을 그렸다면 이제 파워포인트를 열고, 그동안 공들여 만들어본 밑그림을 파일로 만들 차례다. 사람들의 머리와 마음에 쏙쏙 들어오는 자료를 만들려면 어떻게 해야 할까? 발표 자료를 만들기 전 우리가 꼭 기억해야 할 세 가지를 살펴보자.

신뢰할 수 있는 내용 구성

첫 번째로 고려해야 하는 것은 자료 안에 포함시키는 내용이 신뢰성을 갖추고 있는가를 점검하는 것이다. 대부분의 발표는 자료 조사를 기반으로 한 정보와 자신의 생각을 적절하게 결합시켜 이야기하는 것이다. 신뢰성을 갖추었다는 것은 믿을 만한 자료를 기반으로 객관적인 정보를 제시했다는 것과 그에 대한 자신의 생각이 논리적이라는 것을 의미한다.

믿을 만한 정보란 우리가 2장 자료 조사 파트에서 살펴본 것처럼 신뢰할 수 있는 기관에서 발표한 자료이거나 공식적인 연구논문으로 발표한 자료를 의미한다. 직접 설문 조사를 하거나 인터뷰한 자료라면 발표자의 의도를 최대한 배제하고 객관적 시각으로 조사한 결과를 정리한 데이터

여야 한다. 이렇게 발표의 내용이 정확하고, 객관적이라는 것을 전제로 했을 때 화면을 보기 좋게 구성하거나 발표를 매끄럽게 하는 것이 의미가 있다. 발표 자료의 신뢰성을 담보하지 못한 상태에서 말만 그럴싸하게 한다 해도 그 발표는 결코 좋은 발표가 되지 못한다. 발표를 듣는 사람들이 그 사람의 말에 귀를 기울이는 이유는 그 내용이 들을 만한 가치가 있다고 여기기 때문이고, 그 가치 안에 가장 크게 자리 잡은 것은 신뢰성이다. 따라서 우리가 제시하는 문구 하나, 그래프 하나, 이미지 하나마다 이게 정말 청중에게 제시할 만한 수준의 자료인지 점검해야 한다.

구체적이고 생생한 표현

신뢰성을 갖춘 자료를 슬라이드로 만들 때는 듣는 사람이 정확하게 발표 내용을 이해하고, 해석할 수 있도록 표현도 구체적이고 생생하게 하는 것이 좋다. 또 청중의 기억 속에 발표 내용이 잘 자리 잡도록 단순하면서도 강력한 핵심 메시지로 어필하는 것이 중요하다.

파워포인트를 활용한 발표 자료는 글자보다 이미지나 영상을 더 많이 활용한다. 한동안 애플의 스티브 잡스와 마이크로소프트사의 빌 게이츠의 발표 장면을 비교하는 기사를 많이 접할 수 있었다. 기사의 주요 내용은 이미지 하나로 모든 것을 표현하는 스티브 잡스와, 글자와 그래프가 빡빡하게 제시된 화면을 앞에 두고 이야기하는 빌 게이츠의 모습을 비교하는 것이었다. 대중은 발표 장면에서만큼은 스티브 잡스를 선호했다. 영상과 이미지가 넘쳐나는 요즘에는 긴 글보다 이미지 하나로도 많은 것을 이야기해줄 수 있는 발표를 선호하기 때문이다.

스티브 잡스의 발표가 많은 사람들의 공감을 일으켰던 이유 중 하나는 그의 이야기를 듣고 있자면 이야기하고자 하는 제품에 대해서 아주 구체적으로 상상할 수 있기 때문이었다. 예를 들어 이번에 출시하는 컴퓨터가 아주 얇고 가벼운 것이 특징이라면 잡스는 처음 발표를 시작할 때 그 제품을 서류 봉투에서 꺼내는 퍼포먼스를 보여줬다. 이 컴퓨터가 두께는 몇 밀리미터이고, 무게는 몇 그램이다, 사이즈는 몇 센티미터다라는 이야기를 하기 전에 서류 봉투에서 컴퓨터를 꺼내는 순간 모든 사람들은 오감을 활용해 "아, 이 노트북은 아주 가볍고 얇구나"라는 것을 느끼는 것이다. 이후에 하는 모든 발표 내용은 사람들이 느낀 그 감정을 논리적으로 확인하는 것뿐이다. 구체적이고 생생하게 발표하는 좋은 방법은 적합한 이미지를 활용하는 것, 생생한 데이터를 보여주는 것, 청중이 공감할 만한 영상을 활용하는 방법 등이다. 그때그때 내용에 맞게 청중의 상상력을 자극할 표현 방법을 고민해보자.

단순한 화면 구성과 핵심 메시지 강조

스탠포드대 경영대학원의 교수인 칩 히스와 댄 히스는 『스틱』이라는 책에서 사람들에게 자신의 아이디어를 착 달라붙게 하는 여섯 가지 기본 원리를 이야기했다. 그 원리 중 가장 첫 번째로 꼽은 것이 바로 '단순성'이다.

  듣는 사람은 단순하면서도 강한 메시지를 원한다. 이것저것 주절주절 설명해도 듣는 사람 머릿속에는 한두 가지만 기억에 남을 뿐이다. 따라서 내가 전달하고자 하는 핵심 내용이 무엇인지를 계속 생각하면서 핵심만을 강조하는 것이 중요하다. 그러기 위해서 우리가 처음부터 끝까지 가져가야 하는 질문은 "내가 이 발표를 왜 하지?", "무엇을 이야기하려고 하지?" 그리고, "그것을 어떻게 하자는 거지?"라는 "Why-What-How"이다. 주요 뼈대와 상관없는 부가적인 이야기는 아깝지만 도려내고, 핵심 내용을 잘 전달할 수 있는 것에만 집중한다. 슬라이드 화면을 구성할 때도 꼭 필요한 내용만 중점적으로 넣어 화면에서 핵심 키워드가 보는 사람들 눈에 잘 들어올 수 있도록 한다. 화면을 단순하게 구성하기 위해서는 단순화하는 연습이 필요하다. 계속 반복하다 보면 나도 모르게 단순한 화면을 만드는 데 익숙해진다.

본격적으로 발표 자료를 만들어보자

청중의 눈에 쏙 들어오는 발표 자료를 정리하여 구성했다면 이제 전문 프로그램을 이용하여 자료를 만들 차례다. 발표용 자료는 대개 PPT를 이용하여 만드는데, 다양한 페이지 구성은 물론, 소리와 영상까지 넣을 수 있으므로 만드는 법을 잘 익혀두면 요긴하게 활용할 수 있다.

발표용 프로그램 PPT 이용하기

PPT는 Power Point의 약자로 발표, 프레젠테이션에서 유용하게 사용하는 프로그램이다. 발표용으로 만들어진 프로그램이기 때문에 회사에서 회의할 때나 학교에서 과제를 발표할 때 외에도 면접에서 자기소개를 할 때, 심지어 애인에게 프러포즈를 할 때도 PPT를 사용하는 사람이 많다. PPT라는 프로그램이 다른 사람에게 무엇을 설명하거나 설득하고 싶을 때 그 내용을 잘 전달할 수 있는 여러 가지 유용한 기능을 가지고 있기 때문이다.

 PPT 슬라이드에는 글씨를 쓸 수도 있고 사진이나 그림을 넣는 것도 쉽다. 도표나 그래프를 그릴 수도 있고 동영상과 연결시킬 수도 있다. 이런 시각적 자료를 사용하면 자신의 이야기를 더 쉽게 정확하게 전달할 수 있다.

발표 자료의 스타일, 템플릿 정하기

템플릿이란 원래 도형자를 말한다. 초등학교 수학 시간에 썼던 각종 세모, 네모, 원 모양으로 구멍이 뚫려 있는 플라스틱 자가 바로 템플릿이다. 파워포인트에서 템플릿이란 작업하는 전체 슬라이드 화면의 배경을 미리 지정해놓아 일관성 있게 작업할 수 있도록 하는 서식을 가리킨다. 템플릿을 활용하게 되면 자료를 통일성 있게 만들 수 있어 파워포인트 작업을 하는 대부분의 사람들은 이것을 활용한다.

  템플릿은 말하자면 자료에 어떤 옷을 입히느냐를 결정하는 것이라고 할 수 있다. 어떤 스타일로 옷을 입느냐, 즉 심플하고 단정하게 입느냐 화사하고 부드러운 느낌으로 입느냐 하는 차이 같은 것이다. 발표 자료의 전체적인 색깔과 디자인을 템플릿에서 결정하게 되는데, 이미 만들어진 템플릿이 많기 때문에 무료로 제공하는 것을 이용하면 편리하다. 템플릿을 결정할 때는 무엇보다 내가 발표하고자 하는 내용이 무엇인지부터 생각한다. 배경은 내용과 어울려야 하기 때문이다. 예를 들어 환경과 관련된 발표라면 아래와 같이 전체 이미지를 녹색으로 해도 좋을 것이다.

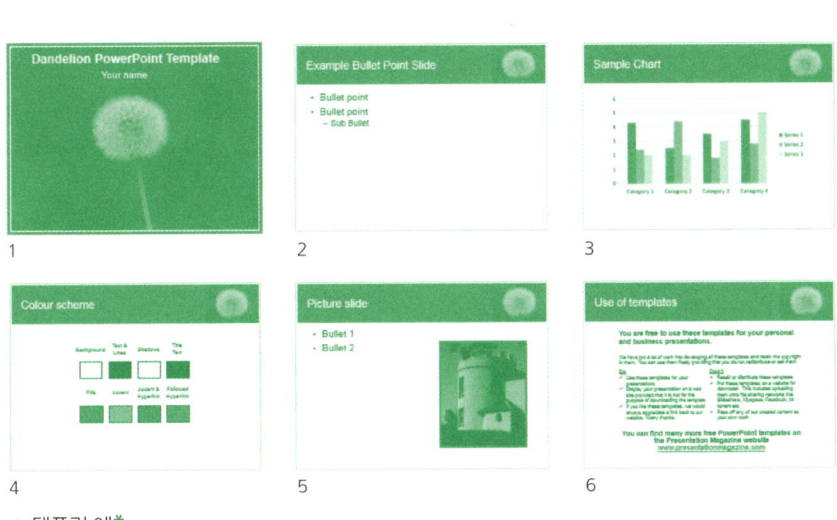

▲ 템플릿 예*

＊출처: http://www.presentationmagazine.com/에서 Green & Environment 카테고리

아래와 같이 칠판에 분필로 글씨를 쓴 듯한 템플릿을 활용하면 전달하는 내용을 좀 더 감성적이고 따뜻하게 어필할 수 있다.

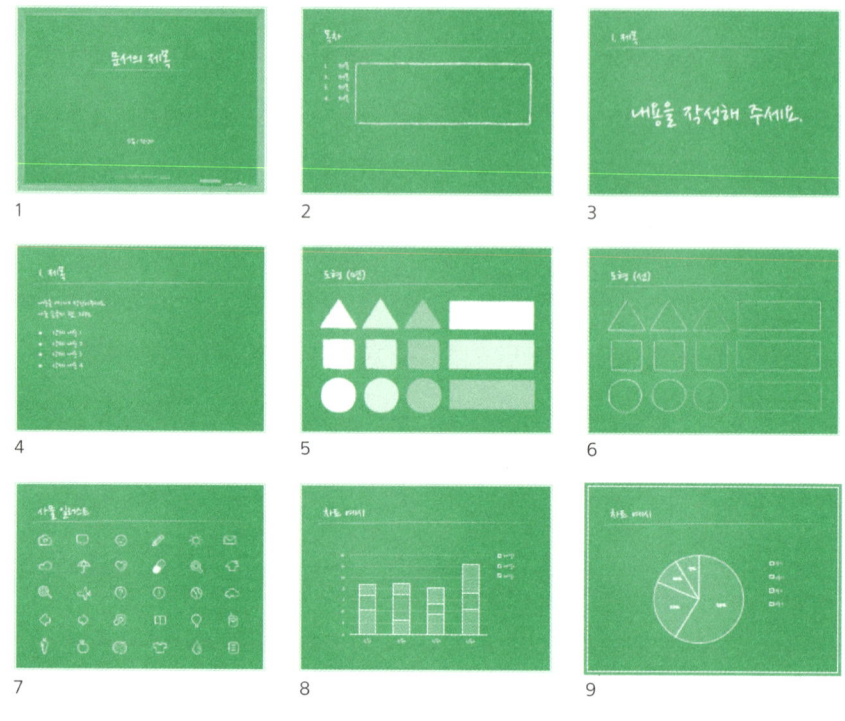

▲ 템플릿 예*

국어 시간에 시나 문학작품을 소개하는 발표를 하게 됐다면 오른쪽과 같이 시에 어울리는 콘셉트로 제공한 템플릿을 활용해보자.

*출처: http://hangeul.naver.com/document 프레젠테이션 카테고리에서 제공하는 칠판 제목의 템플릿

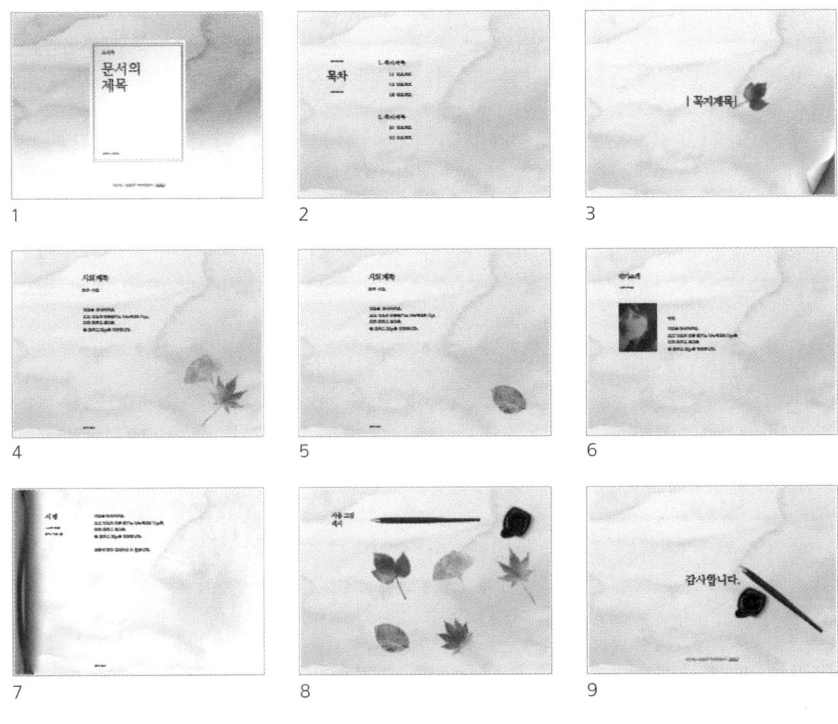

▲ 템플릿 예 *

    템플릿 자체보다 내용이 더 중요하다는 것은 두말할 필요가 없을 것이다. 그 사람이 입은 옷보다 사람 자체가 중요한 것과 마찬가지다. 화려한 템플릿보다 바탕 화면이 하얀색 배경인 단순한 템플릿이 훨씬 보기 좋은 경우도 많다. 템플릿이 너무 화려하면 내용이 묻히고 자칫 촌스러워질 수도 있다.

* 출처: http://hangeul.naver.com/document 프레젠테이션 카테고리에서 제공하는 하늘수채 제목의 템플릿

템플릿을 잘 고르는 것도 센스다. 이 센스는 다른 사람들이 잘 만든 발표 자료를 계속 보면서 감각을 키워나가면 자연스럽게 개발될 것이다. 템플릿은 파워포인트 프로그램 내 디자인이라는 메뉴 안에서 다양하게 골라 사용할 수 있다. 그 외에 무료로 템플릿을 제공하는 곳도 많다. 무료로 템플릿을 제공하는 사이트 몇 군데를 소개한다.

네이버 한글 문서 (http://hangeul.naver.com/document)

네이버에서 제공하는 사이트이다. 메뉴 중에서 프레젠테이션 메뉴를 클릭하면 파워포인트 발표 자료의 템플릿을 무료로 다운로드 받아 활용할 수 있다. 디자인 면에서 우수한 템플릿이 많아서 활용을 권장한다. 파워포인트 템플릿 외에도 한글, 워드, 엑셀 등을 제공하기 때문에 다른 과제를 할 때에도 활용하면 좋다.

Presentation Magazine (http://www.presentationmagazine.com/)

현재 50,430여 개의 무료 PPT 템플릿과 배경을 제공하고 있다. 무료로 제공하는 템플릿도 테마 별로 제공하고 있다. 워낙 방대한 양이기 때문에 잘만 찾는다면 완성도 있는 PPT를 제작할 수 있다.

SlideShare (http://slideshare.net)

전 세계 각국의 PPT 템플릿 파일들을 볼 수 있다. 주제 별로 볼 수도 있기 때문에 내가 제작하고자 하는 분야의 디자인을 참고할 수 있다. 회원가입 후 다운로드 할 수 있다.

꽂히는 제목 정하기

제목은 제품으로 치면 물건의 이름이다. 가게로 치면 입구에 달아놓은 간판이다. '락앤락'은 밀폐 용기인데 이름만 들어도 절대 샐 염려가 없을 것만 같다. 식당 가에 걸려 있는 '면사무소'라는 간판은 이곳이 국수 종류를 파는 가게라는 걸 알려준다. 『영어공부 절대로 하지 마라』는 제목의 책은 이제까지의 영어공부 방식이 잘못되었다는 내용을 담고 있다. 이 책이 베스트셀러가 되는 데는 제목이 큰 역할을 했다.

발표에서 제목은 최초의 정보이다. 때문에 명확하게 무슨 이야기를 하려는 것인지 제목에서 알려주어야 한다. 그렇다고 제목에다 발표 내용을 주저리주저리 길게 다 쓸 수는 없다. 한 단어, 한 문장으로 내용을 축약하는, 한마디로 딱 꽂히는 제목을 정해야 한다. 제목을 정할 때 또 하나 중요한 것은 호기심을 불러일으켜야 한다는 점이다. 제목만 들어봐도 재미있을지 지루할지 느낌이 오는 탓이다. 그러므로 무엇에 대한 내용인지 명확하면서도 흥미를 끄는 제목이 잘 지은 제목일 것이다. 다음에 소개하는 제목은 유튜브에서 서비스 되고 있는 영상들의 제목이다.

"책만 사고 읽지 않는 당신이 반드시 들어야 할 대답"
"발표만 하면 긴장해서 망치는 당신이 반드시 들어야 할 대답"
"창의적이지 못해 고민하는 당신이 반드시 들어야 할 대답"

어떤가? 제목을 보는 순간 나도 모르게 클릭해서 그 영상을 보는 사람들이 많을 것 같지 않은가? 실제 조회 수도 평균 3만이다. 만약 이 영상의 제목이 책을 읽는 방법, 발표를 잘하는 방법, 창의력을 키울 수 있는 방법이라 되어 있다면 과연 얼마나 많은 사람들이 이 영상을 클릭했을까?

한눈에 쏙 들어오는 목차 만들기

목차는 앞으로 이야기할 것들을 개괄적으로 소개하는 것이다. 10분이 넘는 발표를 할 때는 이런 목차 페이지가 있어야 한다. 청중은 앞으로 들을 내용에 대한 기대도 할 수 있고 발표 내용을 이해하기도 더 쉽다. 여행할 때 미리 지도를 보는 것과 마찬가지다. 중·고등학생들의 발표 자료를 보면 목차 페이지가 빠진 경우가 허다한데 5분 이내의 아주 짧은 발표가 아니라면 목차는 필수라고 생각하고 정리하자.

목차에는 발표의 각 소 주제를 넣으면 된다. 소 주제 역시 제목과 마찬가지로 명확해야 하고 호기심을 자아내야 한다. 전체 흐름이 매끄럽게 연결되도록 하는 것도 목차의 역할이다. 아래의 두 가지 목차를 비교해보자.

수정 전 ▼	수정 후 ▼
1. 핀란드의 교육 제도 2. 핀란드 학교 방문 3. 방과 후 프로그램	1. 과제가 없는 핀란드 아이들 2. 프로젝트 중심의 커리큘럼 　- 과목 별 수업 관찰 　- 스스로 하는 프로젝트 활동 3. 문화, 예술, 스포츠 중심의 방과 후 활동 4. 우리 교육에 주는 시사점

핀란드의 교육 제도를 살펴보기 위해 핀란드 학교를 방문한 후 발표 자료를 기획한 목차이다. 왼쪽의 목차는 소 제목이 너무 일반적이어서 듣는 사람의 호기심을 자극하기에 부족하다. 이 목차를 개선해서 오른쪽 목차로 수정했다. 각 소 주제 별로 다루고자 하는 핵심 키워드를 살리고, 전체 흐름을 보여줄 수 있도록 수정한 것이다. 목차만 보더라도 전체 발표에서

이야기하고자 하는 것이 무엇인지 그 흐름을 파악할 수 있도록 한다.

발표의 쉼표, 간지 페이지

여러 장의 슬라이드를 이용해 발표할 때는 잠시 쉼표도 필요하다. 휴식의 의미가 아니라 지금까지 어떤 이야기를 했는지 한마디로 정리하고 다음 이야기를 이어가는 다리 역할을 하는 페이지가 필요하다는 뜻이다. 청중의 주의를 환기시키는 의미에서 간지 페이지를 열어놓고 중간 정리를 한 번 해준다.

"지금까지 우리는 우리 학교의 쓰레기 분리수거 현황을 알아보았습니다. 그럼 이제 우리 학교의 쓰레기를 줄이고, 분리수거를 제대로 하기 위해서 무엇을 실천해야 하는지 한번 살펴볼까요?"

이렇게 중간 정리가 한 번 되면, 듣는 사람들도 다음 단계로 넘어갈 때 생각 정리가 잘되면서 이야기에 몰입하게 된다.

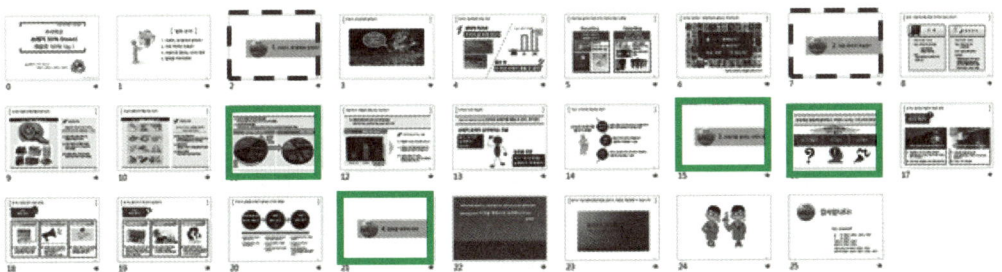

▲ 간지 페이지 활용.
총 25장의 슬라이드를 발표하면서 4개의 목차에 따라 4개의 간지 화면을 사용했다.

깔끔하고 보기 편한 레이아웃

레이아웃은 배열, 배치라는 뜻이다. 그림이나 글을 어떤 공간에 어떻게 놓아야 가장 효과적이고 아름답게 보일까 고민하는 것이 레이아웃이다. 방에 침대와 책상과 서랍장을 어떻게 놓을까 하는 것, 자기 책상 위에 책꽂이와 컴퓨터와 스탠드를 어떻게 놓을까 하는 것도 레이아웃에 해당한다.

무엇이든 보기에 깔끔하고 쓰기에 편하게 놓는 것이 당연하다. 발표 자료를 만들 때도 마찬가지다. 한 페이지에 넣을 내용이 정해졌다면 그 내용을 어떤 식으로 구성하고 배치하느냐가 중요하다. 보기에 너무 복잡하고 어지러우면 잘못 배치한 것이다.

레이아웃을 잡을 때는 일단 내용을 먼저 생각한다. 한 페이지에 포인트가 몇 개인지 보고 레이아웃을 정한다. 페이지를 만들 때마다 매번 레이아웃을 다시 할 것이 아니라 몇 가지를 정해놓고 거기에 맞추어 쓰면 된다.

▲ 이미지와 중요 메시지가 하나일 경우: 중요한 메시지를 가운데 두고, 눈에 확 띄게 한다.

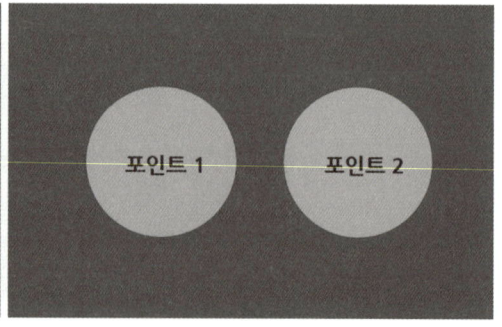

▲ 포인트가 두 가지이거나 비교나 대조를 할 경우: 두 가지 포인트를 동일한 크기로 나란히 배열한다. 비교나 대조를 할 때는 가운데 vs.를 넣기도 한다.

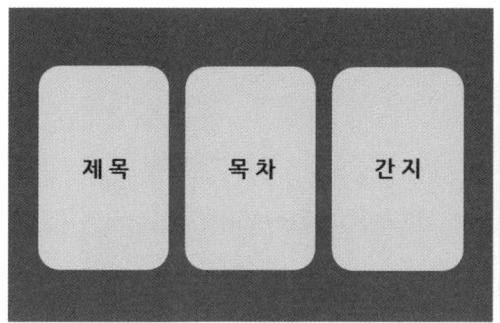 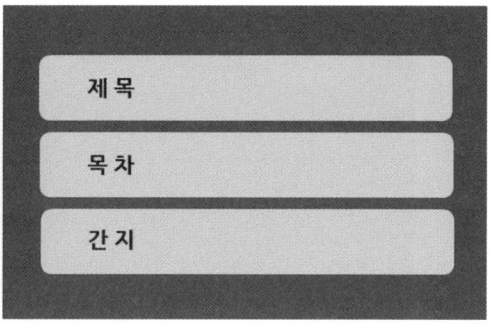

▲ 포인트가 여러 개일 경우1:
  세 개를 나란히 정 중앙에 간격을 동일하게
  유지하면서 배치해본다.

▲ 포인트가 여러 개일 경우2:
  세 개를 세로로 나란히 정 중앙에
  간격을 동일하게 유지하면서 제시하기도 한다.
  이때 한 화면에 가급적 세 가지 이상의 내용을
  배치하지 않는다는 점을 기억하자.
  세 가지 이상의 항목이 나오게 되면
  발표를 듣는 사람들 머릿속에 남기 힘들다.

 포인트를 제시할 때 파워포인트에서 편하게 도형 이미지를 골라 선택할 수 있는 기능이 있다. 다음과 같이 '스마트 아트'라는 메뉴를 활용하면 도형 활용에 대한 고민을 줄일 수 있다.

파워포인트 스마트 아트 활용

우리가 만드는 파워포인트 슬라이드는 전달하고자 하는 내용을 구조화하는 것이 매우 중요하다. 이때 스마트 아트라는 메뉴를 활용하면 아주 간편하게 전달하고자 하는 내용을 구조화할 수 있다.

• 스마트 아트는 어디에?
스마트 아트 기능은 파워포인트의 삽입 기능 하위에 있다.

• 스마트 아트를 어떻게 활용하나?
스마트 아트라는 버튼을 클릭하면 아래와 같이 다양한 도식화 이미지들이 나타난다. 이 중 내가 활용하기에 적합한 이미지를 선택해서 내용을 넣고, 색상을 지정하면 된다. 우리가 만들고자 하는 대부분의 도식화 유형은 이 안에 모두 있다고 해도 과언이 아니다.

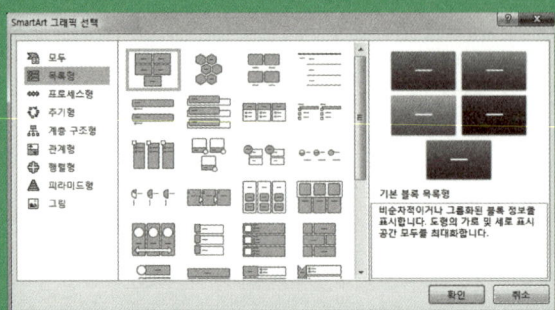

목록 형의 경우 동일한 항목을 나열하고자 할 때 사용된다. 위에 보는 것처럼 가로로 나열하기도 하고, 세로로 나열하기도 하며, 중요한 포인트를 사각 박스에 표현하기도 하고, 원형에 표현하기도 한다.

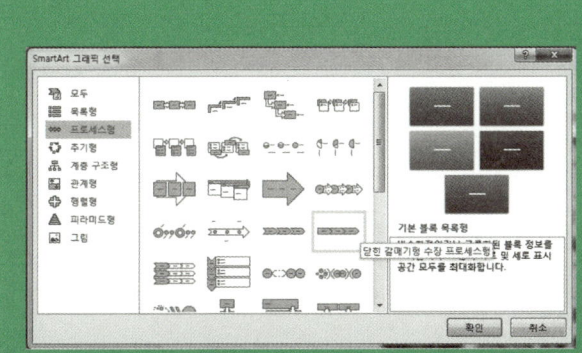

프로세스 형은 제시하고자 하는 내용에 순서가 있거나 단계를 표현할 때 제시한다. 왼쪽부터 순서대로 제시하거나 위에서 아래로 제시하기도 한다.

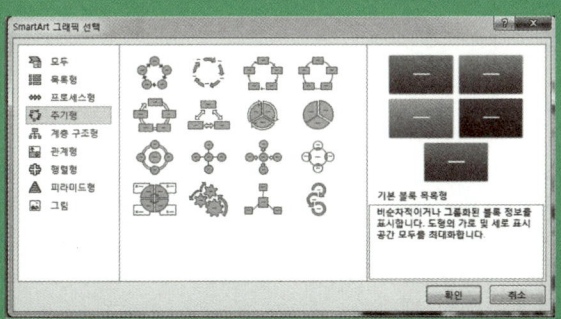

주기 형은 전체를 원으로 놓고 그 흐름을 제시하고자 할 때 사용한다. 예를 들어 1부터 5까지 순서대로 진행되면서 계속 반복되는 내용을 제시할 때 활용한다.

이 외에도 계층구조 형, 관계 형, 행렬 형, 피라미드 형 등을 하나씩 살펴보면서 도식화하는 연습을 하면, 이후에 생각을 정리할 때 도움을 받을 수 있다.

글자 크기와 색깔 선택

폰트만 잘 골라 써도 메시지를 강조할 수 있다. 우리가 참고서를 볼 때 굵은 고딕체가 등장하면 그것이 중요 포인트라고 느끼는 것과 마찬가지다. 폰트의 종류는 수십 가지가 넘지만 PPT로 만든 자료에 글자를 넣을 때는 고딕체를 쓸 것을 권장한다. 특히, HY견고딕, 나눔고딕, 맑은고딕, 헤드라인M 폰트를 사용하면 발표 자료가 깔끔해 보인다. 이때 무엇보다 중요한 것은 폰트를 이것저것 섞어 쓰지 않는 것이다. 한두 개의 폰트만 사용하면서 메시지의 중요도에 따라 굵고 가는 정도를 변경하는 것이 보기에 편하다. 글씨의 색깔 역시 두세 가지로 한정하는 것이 좋다.

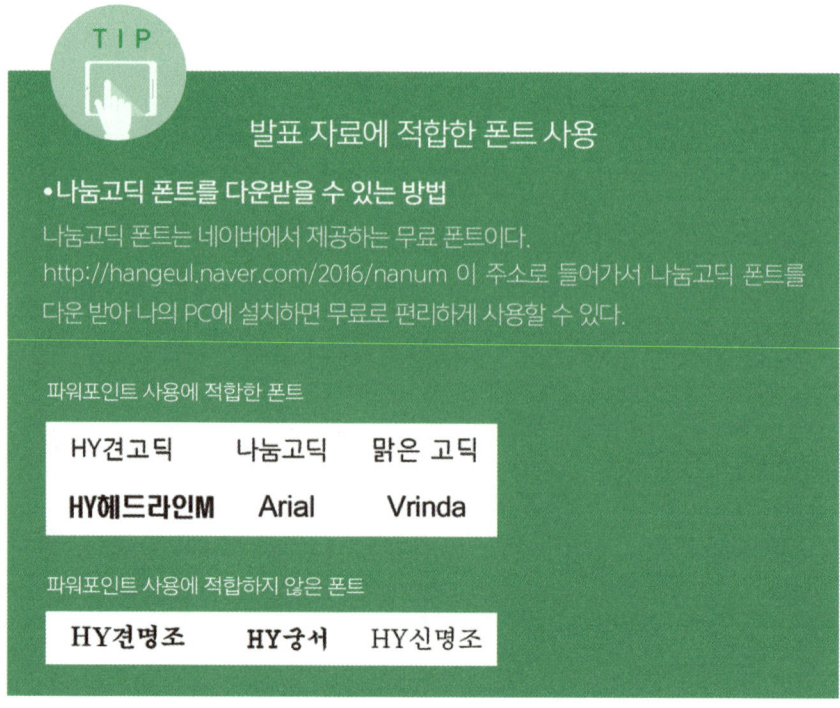

TIP

발표 자료에 적합한 폰트 사용

• **나눔고딕 폰트를 다운받을 수 있는 방법**

나눔고딕 폰트는 네이버에서 제공하는 무료 폰트이다. http://hangeul.naver.com/2016/nanum 이 주소로 들어가서 나눔고딕 폰트를 다운 받아 나의 PC에 설치하면 무료로 편리하게 사용할 수 있다.

파워포인트 사용에 적합한 폰트

| HY견고딕 | 나눔고딕 | 맑은 고딕 |
| HY헤드라인M | Arial | Vrinda |

파워포인트 사용에 적합하지 않은 폰트

| HY견명조 | HY궁서 | HY신명조 |

의미를 담은 이미지

글보다 그림이 사람의 눈을 더 자극한다. 백 마디 말보다 한 장의 사진이 훨씬 더 많은 정보를 제공하고 보는 사람에게 깊은 공감을 불러일으킬 수 있다. 그렇지만 이미지는 힘이 세기 때문에 더더욱 신중하게 사용해야 한다. 특별한 의미도 없는데 글자로만 페이지를 채우기 아쉬워서 이미지를 넣는다거나 내용과 큰 관련이 없는 동떨어진 이미지를 사용하면 오히려 쓰지 않느니만 못 하다. 발표하는 사람 입장에서는 딱 맞는 이미지라고 생각해서 사용했는데 보는 사람은 전혀 생뚱맞게 느낄 수도 있으니 여러 번 체크해야 한다. 또한 의미를 담은 좋은 이미지라고 하더라도 이미지의 상태, 즉 화질이나 색감이 좋지 않으면 시각적인 효과가 떨어진다는 점도 명심하자.

이미지를 사용할 때는 다음의 세 가지를 꼭 기억하자.

- 전달하고자 하는 내용을 설명할 수 있는 이미지일 것
- 선명도가 좋은 이미지를 사용할 것
- 사용해도 되는 이미지인지 저작권 문제를 확인할 것

우리가 과제용으로 인터넷에 있는 이미지를 다운받아 활용할 때에는 저작권의 문제를 크게 신경 쓰지 않아도 되지만 이미지의 출처만큼은 정확하게 밝혀야 한다. 또한 과제를 간혹 인터넷상에 올릴 때가 있는데 이때에는 저작권자가 사용해도 된다고 허락한 이미지만 사용해야 한다.

▲ 지구 환경 보호의 메시지를 전달하는 이미지

▲ 환경 오염의 원인 중 공장의 매연이 중요한 원인이라는 것을 강조할 때 사용하면 좋은 이미지

복잡한 숫자는 그래프로

발표 자료에서 통계 데이터를 제시할 때 대부분 그래프를 사용한다. 그래프는 수치를 비교하거나 그 수치의 변화도를 한눈에 보여주는 좋은 방법이기 때문이다. 파워포인트 프로그램에서 차트 삽입 버튼을 선택하면 아래와 같이 다양한 그래프 양식 중 하나를 선택할 수 있다.

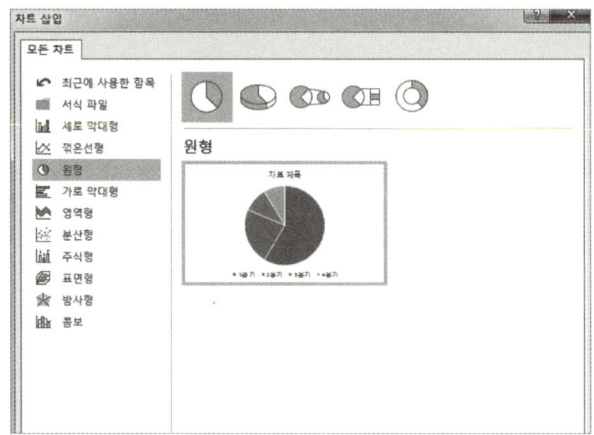
▲ 다양한 그래프를 활용하자.

발표 자료에서는 흔히 막대형 그래프나 원형 그래프를 활용하지만, 제시하고자 하는 데이터의 유형에 맞게 선택해서 그래프를 그려보도록 하자.

타이밍이 중요한 동영상

발표에서 동영상이 가지는 힘과 역할도 대단하다. 청중의 흥미도만 따져본다면 동영상 〉 사진이나 그림 〉 글자 순서일 것이다. 그렇지만 그래서 더 신중하게 사용해야 한다. 동영상을 지나치게 많이, 그리고 오래 사용하면 정작 발표 내용은 하나도 기억나지 않고 동영상에서 봤던 것만 남을 수 있기 때문이다.

동영상은 적절한 타이밍에 설명하고자 하는 내용을 재미있게 표현하거나, 신빙성을 높이기 위한 용도로 활용된다. 적절하게만 사용한다면 듣는 사람의 관심을 한 번에 끌어올릴 수 있는 강력한 도구이다. 짧지만 강한 효과를 주는 동영상을 활용해서 발표를 활기차게 만들어보자.

민우네 학교 이야기 6

연습 또 연습 "발표 대본이 잠꼬대로 나와요!"

　슬라이드를 만들고 나서 발표 대본을 준비하기 위해 다시 모였다. 각자가 발표할 부분을 나누기로 한 날이다. 처음 계획서를 쓸 때부터 발표는 네 명이 모두 한다고 정했었다. 파트를 나누어 한 명씩 돌아가면서 하는 것으로 했기에 이제 순서를 정하고 자기 파트의 대본을 쓸 차례였다. 그런데 갑자기 예주가 폭탄선언을 했다.
"난 빼줘."
　모두들 황당한 표정으로 예주를 봤다. 민우가 달래듯이 말했다.
"왜? 우리 같이하기로 했잖아."
"난… 너무 떨려서 아무래도 망칠 것 같아. 다 같이 열심히 했는데 나 때문에 점수 깎이면 안 되잖아."
　찬기가 답답하다는 듯이 말했다.
"야, 그렇게 따지면 내가 더하지. 난 지금 목소리 진짜 이상한데. 애들이 제대로 알아들을 수도 없을 거야."
　찬기는 이제야 변성기가 와서 허스키한 목소리가 나온다. 말하다 말고 가끔 이상한 쇳소리를 내기도 한다. 전에 음악 가창 실기를 볼 때도 목소리 때문에 망쳤다. 빛나가 단호하게 말했다.

"안 돼. 조원 전체가 프로젝트에 골고루 참여했는지도 평가 기준이야. 점수 깎이지 않으려면 발표에도 전부 참여해야 돼."

예주는 조 전체의 점수를 생각해서 빠지겠다고 한 거였는데 빛나가 점수 깎이지 않으려면 무조건 해야 하는 거라고 말하니 분위기가 썰렁해졌다. 민우는 가슴이 답답해졌다. 조 안에서 뭔가 언쟁이 생기거나 분위기가 침체된 경우에 조장이라는 것 때문에 나서서 해결해야 할 것 같은 책임감이 느껴졌다. 그렇지만 발표 문제는 민우도 자신 없다. 민우야말로 사람들 앞에 서면 앞이 캄캄해지고 말문이 막히는 스타일인데. 스스로도 자신 없는 마당에 하면 될 거라고 예주를 설득하기도 어려웠고 예주와 빛나의 요상한 신경전에 끼어드는 것은 더더욱 싫었다.

아무도 말을 하지 않으니 마치 싸운 것 같은 분위기가 되었다. 다행스럽게도 마침 주문한 떡볶이가 나왔다. 아저씨는 우리 얘기를 다 듣고 있었던 듯했다. 이 아저씨는 우리가 유일한 손님이어서 그런지 우리 일에 끼어들고 싶어서 안달하는 것처럼 보인다. 어쨌든 이제까지도 엄청 도움이 됐기 때문에 이젠 아저씨가 다가오면 반갑다. 아저씨가 우리를 둘러봤다.

"발표가 왜 부담스러워? 떨려서 그래?"

모두 입을 모아 대답했다.

"당연하죠."

"너희들 시험 때도 떨리니?"

헐! 당연한 걸 묻는다. 시험 얘기가 나오자 예주가 몸서리를 쳤다.

"앞에서 시험지 넘겨줄 때, 그때 진짜 엄청 떨려요. 심장이 막 튀어나올 거 같아요."

아저씨가 빙긋이 웃었다.

"그럼 시험공부를 많이 했을 때랑 공부를 별로 안 했을 때랑 언제가 더 떨려?"

"당연히 공부 안 했을 때가 더 떨리죠."

"그래. 공부가 부족하면 자신이 없으니까 더 떨리겠지. 모르는 문제가 나올까 봐 긴장되니까. 그렇지만 완벽하게 공부해서 100점 맞을 자신이 있어도 그렇게 떨릴까?"

글쎄, 그래 본 적 없어서 모르겠지만 그럴 것 같지는 않다. 모르는 문제 없이 완벽히 공부했다고 생각되면 오히려 시험이 기다려지지 않을까?

"민우 넌 사람들 많은 데서 자전거 탈 때 떨리니?"

"헐! 자전거 탈 때 떠는 사람이 어딨어요?"

"왜 없어? 자전거 처음 배우는 사람은 넘어져서 다칠까 봐 벌벌 떨지."

그거야 그렇지. 생각해보니 처음 두발 자전거를 배울 때는 뒤에서 아빠가 잡아주는데도 무섭고 긴장돼서 떨렸다.

"발표도 그런 거야. 안 해본 건 다 떨리게 되어 있어. 하지만 연습하고 또 연습해서 몸에 익으면 자연스럽게 즐기게 되는 거지."

정말? 정말 그럴 수 있을까? 아저씨의 말은 그럴 듯했다. 자전거 타는 것처럼 연습만 하면 정말 다 잘할 수 있을까? 이제는 손 놓고도 자전거를 탈 수 있는데. 발표도 연습만 하면 그렇게 될까? 어쨌든 지금 다른 방법은 없다. 모두 다 함께 열심히 발표 대본을 쓰고 또 열심히 발표 연습을 해서 능숙하게 자전거 타듯이 그렇게 발표를 해내는 수밖에.

열여섯 장의 슬라이드 내용을 넷으로 나누었다. 발표하는 순서는 민우,

예주, 찬기, 빛나 순으로 정했다. 각자 자기가 맡은 부분의 대본을 써오기로 했다. 이야기할 내용은 이미 정해졌지만 실제 발표에서 우물거리거나 말문이 막히거나 하지 않도록 대본을 쓰기로 한 것이다. 슬라이드 내용만 보고 기억을 떠올려 이야기하는 것보다 대본을 써서 충실히 암기하는 편이 조금이나마 불안감을 덜 수 있을 테니까!

대본 쓰기

집에 돌아온 민우는 자기가 맡은 부분의 대본을 쓰기 시작했다. 조장이니 우선 인사부터 해야 한다. 인사말부터 썼다. 그리고 조 이름과 조원 소개를 하고 그다음에 우리가 잡은 소 주제를 이야기한다. 다음은 어떤 순서로 어떻게 발표할 것인지를 설명한다.

민우는 머리에 떠오르는 것을 다 글로 썼다. 슬라이드에는 키워드만 몇 개 나타나있을 뿐이지만 민우가 할 일은 그 키워드에 대한 상세한 설명이다. 우선 슬라이드 한 장에 설명할 내용이 너무 많지 않도록 한 장에 40초를 넘지 않게 원고를 썼다. 해보니 300자 정도면 그 시간을 넘기지 않을 수 있을 것 같다. 민우에게 주어진 시간은 2~3분이다. 대본을 쓰면서 계속 중얼중얼 소리 내어 읽어보았다. 글로 쓴 대본을 보여줄 게 아니고 반 친구들 앞에서 말을 해야 하니까.

| 슬라이드 화면 |

| 대본 |

이러한 쓰레기 문제의 심각성을 느끼고 우리 사회는 쓰레기 문제 해결을 위해 많은 노력을 기울이고 있는데요. 그 활동을 크게 리사이클링과 업사이클링으로 나눠볼 수 있습니다.
리사이클링은 분리수거, 음식물 쓰레기 줄이기, 종량제 봉투 사용하기 등 우리에게 낯익은 활동입니다.
하지만 업사이클링은 좀 생소할 수 있는데요. 업사이클링은 리사이클링에서 한 단계 더 나아가서 쓰레기를 새로운 물건으로 탄생시키는 활동입니다. 예를 들어서 청바지로 컵홀더를 만들거나 커피찌꺼기로 신기술을 적용해서 플라스틱을 만들거나 플라스틱에서 섬유를 뽑아 옷을 만드는 것과 같은 활동입니다.
이렇게 리사이클링과 업사이클링을 통해 쓰레기로 인한 환경오염을 예방하고자 하는 겁니다.

 발표 대본은 각자 썼지만 흐름이 끊기면 안 된다. 네 명이 하는 발표지만 한 사람이 하는 것처럼 물 흐르듯 자연스럽게 연결되어야 한다. 민우는 아이들이 각자 쓴 발표 대본을 메일로 받았다. 대본을 다 모아놓고 보면서 한꺼번에 읽어보았다. 갑자기 말투가 달라지거나 용어가 달라지는 일이 없도록 하고 연결이 끊기는 곳은 없는지도 세세히 살폈다. 너무 딱

딱하다고 느껴지는 부분은 어미라도 부드럽게 바꾸도록 노력했다. 되도록 쉬운 말로 되도록 풀어서 이야기하면 아이들이 이 발표를 지겹게 듣지 않을 것이다. 이제는 연습, 연습뿐이다!

연습

　다음 날, 민우가 분식집에 가보니 빛나가 입에 볼펜을 물고 웅얼거리고 있었다.
　"뭐하냐?"
　"우리 엄마가 그러는데 볼펜을 물고 연습을 하면 발음이 정확해진대. 아나운서들도 다 그렇게 한대."
　빛나 말에 다른 아이들 셋도 모두 볼펜을 물었다. 웅얼웅얼 대는 소리가 시끄러웠다. 볼펜을 문 민우 입에서 침이 흘러나와 바닥에 뚝 뚝 떨어졌다.
　"야아, 더럽게!"
　예주가 웃으며 민우를 밀쳤다. 깔깔거리고 있는데 떡볶이가 나왔다. 테이블에 접시를 내려놓은 아저씨는 볼펜을 입에 물고 있는 아이들을 어리둥절하게 쳐다보았다.
　"뭐하는 거냐?"
　"연습하는 거예요. 발표 연습."
　"이렇게 하면 입 모양이랑 발음이 정확해진대요."
　"아나운서들도 다 이렇게 연습한대요."
　아이들이 한마디씩 했다.

"발음이 정확한 것도 중요하지. 그렇지만 발표할 때의 말하기는 아나운서보다는 쇼호스트에 가깝지 않을까?"

"쇼호스트요?"

찬기가 나섰다.

"홈쇼핑!"

"그래. 홈쇼핑에서 물건을 설명해주는 사람. 아나운서랑 쇼호스트는 어떻게 다를까?"

"음, 아나운서는 앉아 있고 쇼호스트는 서 있어요."

예주가 말했다. 민우 생각도 그랬다. 뉴스를 전하는 아나운서는 자리에 가만히 앉아서 정면을 보고 또박또박 이야기한다. 하지만 쇼호스트는 서서 무대를 왔다 갔다 하며 물건을 들고 보여주기도 하고 직접 사용해보기도 하며 설명한다. 가끔 웃기도 하고 자기 이야기도 해서 듣고 있으면 어쩐지 그 물건을 사야 할 것 같은 마음이 든다. 하긴 엄마도 홈쇼핑을 볼 때는 불러도 모를 정도로 집중한다. 또 쇼호스트는 손에 원고를 들고 있지 않다는 생각이 들었다. 이런 이야기를 하자 모두 "아! 그러네!" 했다.

"어떻게 그럴 수 있을까? 그렇게 오래 설명하는데 원고도 없어."

"외웠겠죠."

"당연하지. 그런데 줄줄 외워서 말하는 것처럼 보였어?"

"그렇지는 않던데요?"

"쇼호스트도 당연히 대본이 있고 그 대본대로 진행하는 거야. 하지만 전혀 그렇게 보이지 않지? 그건 쇼호스트가 그 물건에 대해 아주 잘 알고 있기 때문이야. 어떻게 쓰는지 어떤 재료로 만들어졌는지 어떤 점이 좋은

지 직접 사용해보면서 그 물건에 대해 속속들이 알고 있기 때문에 자연스럽게 설명해줄 수 있는 거지."

흠, 그렇구나. 발표할 때는 원고를 '읽는다'는 느낌이 아니라 '말한다'는 느낌으로 하는 게 중요하댔는데! 발표 내용을 얼마나 잘 아느냐가 그 차이를 만드는 거구나.

"발표라는 게 선생님에게 평가 받는 시험이 아니라 친구들에게 중요한 이야기를 해주는 자리라고 생각하면 좀 더 쉬울 거야."

민우는 좀 감이 잡히는 것 같았다. 무조건 어렵게 생각하고 떨기만 할 것이 아니라 친한 아이들에게 내가 알게 된 내용을 설명해주는 거라고 생각하면 그렇게 긴장할 일도 아니다. 조금쯤 더 자신감이 생겼다.

"또 하나, 발표 연습을 할 때는 자기가 말하는 걸 녹음해보는 게 좋아."

"녹음이요?"

"동영상을 찍으면 더 좋고. 자기 모습을 객관적으로 볼 수 있잖아. 본인은 못 느끼지만 동영상으로 찍어놓고 보면 몰랐던 버릇을 발견하게 될 수도 있거든."

"지금 해보자!"

발표하는 모습을 휴대폰으로 찍어보기로 했다. 민우가 첫 번째 순서여서 떨리긴 했지만 일단 한 번 해보았다. 동영상을 재생해보니 어쩐지 자기 목소리가 아닌 것 같았다. 좀 더 낮고 울리는 목소리라고 생각했는데 녹음된 소리는 더 높고 쨍쨍하게 들렸다. 그리고 얘기할 때 몰랐던 버릇도 있다는 걸 알게 되었다. 말을 시작할 때마다 '어~ 어~' 하는 버릇이 있었던 것이다.

다른 아이들도 다 동영상을 찍었다. 예주는 목소리가 너무 작았고 찬기는 말하면서 몸을 흔들흔들 하는 버릇이 있었다. 빛나는 또박또박 잘하는 편이었지만 말이 너무 빨랐다. 서로 지적해주지 않았는데도 스스로 자기 문제를 알았다.

"아, 난 이걸 고쳐야겠네"라고 본인이 먼저 말했다. 화면을 통해 보니 자기의 모습이 더 잘 보였던 것이다.

"좋아, 그럼 각자 집에 가서 열 번씩 연습해 오기."

아이들은 각자의 노트에 1부터 10까지 숫자를 적었다. 연습을 한 번 하고는 1에 동그라미. 두 번 하고는 2에 동그라미를 치는 식으로 해서 열 번을 채우기로 했다. 피아노 학원에 다닐 때도 같은 곡을 한 번 치고 빗금 하나 그리고 또 한 번 치고 빗금 하나 더 그리고 했던 것과 같은 방식이었다.

"양심껏 연습하기로 하자. 모두 알지?"

홀가분한 마음으로 돌아가려는데 아저씨가 아이들을 불러 세웠다.

"그냥 가려고?"

"아, 집에 가서 더 연습할 거예요."

"그렇지만 확인해야 할 게 더 많이 있지 않나?"

뭘 더 해야 하지? 서로 얼굴만 쳐다보았다.

"어디서 발표하는데? 거기 빔 프로젝터가 있나? 마이크는 쓸 거야? 슬라이드는 누가 넘기지? 발표자가 리모컨으로? 아니면 다른 사람이? 인사는 처음에 같이할 거야, 아님 발표자마다 따로 할 거야? 무대 입장, 퇴장은 어떻게 할 거지? 줄 서서? 아니면 우르르? 발표자가 발표할 때 다른 사람들은 어디 서 있을 거야? 그리고 또…."

맙소사! 생각하고 정해야 할 게 한두 가지가 아니었다. 그걸 다 미리 정해야 하는 거구나.

"그래서 리허설이 중요한 거야. 발표 내용이 아무리 좋아도 발표자들이 이리저리 몰려다니고 우왕좌왕하면 산만해지고 듣는 사람들이 집중을 못해. 애써 준비했는데 사람들이 듣지 않으면 말짱 도루묵이잖아."

맞는 말이다. 아이들은 다시 자리에 앉았다. 각자 자신이 할 부분을 연습하는 것도 중요하지만 처음부터 끝까지, 등장부터 퇴장에 이르기까지 모든 과정을 실제와 다름없이 진행해보는 것도 중요하다. 그렇다면 실제 발표가 이뤄질 장소에서 리허설을 해보는 게 더 좋지 않을까?

"좋아, 교실에서 리허설이다!"

리허설

선생님께 일단 빔 프로젝트 사용법부터 배웠다. 전원을 넣고 잭을 연결하면 되니까 어렵진 않았다. 선생님은 발표 때는 이미 프로젝터가 연결되어 있을 테니 걱정할 건 없다고 했지만 매사 미리 준비해서 나쁠 건 없다. 어쩌다 연결이 끊겨서 우리가 직접 연결해야 할 일이 있을지도 모른다. 리모컨 작동도 잘된다.

슬라이드 내용은 USB에 담아 와서 미리 세팅되어 있는 컴퓨터에 연결해서 써야 한다. 찬기가 슬라이드 내용을 USB에 담아 왔다. 혹시 몰라서 복사본 USB도 하나 더 준비했다. 동영상도 찍기로 했다. 중앙에 있는 책상에 휴대폰을 잘 세워놓고 동영상 촬영 버튼을 눌렀다.

슬라이드 첫 장에 있는 제목을 띄워놓고 모두 앞에 일렬로 서서 아이돌 그룹처럼 인사하기로 했다.

"안녕하세요. 우리는 청개구리조입니다."

인사하고 첫 주자인 민우만 남고 나머지 아이들은 컴퓨터가 있는 쪽으로 나란히 비켜섰다. 민우는 슬라이드 화면을 가리지 않도록 위치를 잘 잡았다. 슬라이드 넘기는 것은 발표자가 직접 하기로 했다. 타이밍을 맞추려면 그러는 편이 나았다.

"저희 발표 제목은 〈우리 학교 쓰레기 50퍼센트 다운, 재활용 50퍼센트 업!〉입니다."

연습을 많이 했는데도 처음엔 떨렸다. 하지만 진행될수록 목소리가 안정되는 것이 스스로 느껴졌다. '이야기하듯 자연스럽게', '듣는 사람과 눈을 맞추며', '말하는 속도에 신경 쓰며'.

민우의 발표가 끝나자 예주 차례였다. 예주가 발표하는 것을 보니 잘하긴 하는데 목소리가 조금 작은 것 같았다. 모두의 발표가 끝나자 아이들 넷은 다시 중앙으로 나가 같이 인사했다. 교실에 다른 아이들은 없었지만 어쩐지 박수소리가 들리는 것 같았다.

평가

발표가 끝나고 모여 앉아 발표의 처음부터 끝까지 동영상 찍은 것을 봤다. 막상 동영상에 자신의 모습이 찍힌 것을 보니 쑥스럽기도 했지만 뭔가 하긴 하는구나 싶어 뿌듯한 마음도 있었다.

민우는 엊저녁 아저씨와의 대화를 떠올렸다. 조 아이들과 헤어지고 난 뒤 아저씨는 민우를 따로 살짝 불렀다.

"왜요? 뭐 하실 말씀 있으세요?"

"아니, 그냥. 뭐 먹고 싶은 것 없어?"

"네?"

"열심히 하는 모습이 보기 좋아서 그래. 특히 넌 조장이라는 이유로 마음고생도 조금 있잖아."

흠. 아저씨는 민우 모습을 눈여겨보고 있었던 모양이다. 아저씨가 마음을 알아주니 저절로 하소연이 흘러나왔다.

"준비는 그냥 열심히 하면 되는데 애들 사이를 신경 쓰는 게 더 힘들어요. 이 애 편을 들면 저 애가 마음 상할까 걱정되고 그렇다고 이런저런 의견을 다 수용할 수는 없고 어쨌든 한쪽으로 결정해야 하잖아요."

"그래도 지금 잘하고 있어. 다른 아이들 입장을 이해하려고 노력하는 마음 씀씀이가 눈에 보이더라고. 사실 아무리 작은 조직이라도 리더의 역할이 중요한 거야. 사람이 모여 있으면 생각도 다르고 그래서 갈등이 생기게 마련이거든."

"그냥 제 생각대로 판단하면 되는 거예요?"

"충분히 양쪽의 이야기를 들어야지. 그리고 중심을 딱 잡고 판단하면 되는 거야. 중심이 뭐냐면 우리는 지금 왜 모여 있나. 모여서 무엇을 할 것인가. 그게 중심이지. 이 애랑 더 친하니까, 누가 더 얄미우니까 하는 식으로 감정에 치우치면 그 모임은 아무것도 못하게 돼. 조원들을 설득하지 못하니까."

"아, 피곤하다."

"피곤하지. 하지만 이것도 다 경험이야. 작은 모임에서 리더 역할을 해보는 경험이 얼마나 중요한데. 발표도 연습하면 할수록 더 잘하게 되는 것처럼 리더라는 것도 여러 번 해보면 해볼수록 더 좋은 리더가 돼."

민우는 고개를 끄덕였다. 성격적으로 민우는 남 앞에 나서는 걸 좋아하지 않았다. 친구들 사이에서도 얘기를 주도하기보다 조용히 듣는 편에 속했다. 그러던 것이 어쩌다 조장을 맡게 되자 친구들 앞에서 누구보다 많은 이야기를 하고 결정을 내려야 했다. 이런 역할을 하는 건 거의 처음이었다.

"사람은 누구나 인정받기를 원해. 열심히 했으면 그만큼 인정을 해주는 게 먼저야. 저번에 찬기가 관찰 결과 사진을 다 넣기를 원한 건 자기가 그만큼 열심히 했기 때문이거든. 그러니까 다들 인정해주고 박수를 쳐주고 그런 분위기가 되면 아쉽더라도 자기 걸 조금 양보할 수 있는 거야."

"아, 맞아요. 그땐 찬기가 양보해서 다행이었어요."

"인정을 먼저 받으니까 양보할 수 있었던 거지. 연습할 때도 마찬가지야. 연습을 하면 주변에서 지적해줄 것들이 생기잖아. 근데 이걸 잘못했다 저걸 잘못했다 지적만 한다고 해서 고쳐지는 건 아니야. 넌 얼마나 잘하나 두고 보자 하는 마음이 생기거든. 잘한 것부터 말해주고 무엇이 장점인지 먼저 인정해준 다음에 조금씩 고칠 것을 말해주면 쉽게 받아들일 거야."

평가할 때는 인정 먼저. 장점 먼저. 칭찬 먼저.

아저씨가 먼저 보여주고 있다. 민우에게도 지금 조장의 역할을 아주 잘하고 있다고 인정해주고 이렇게 하면 더 잘할 거라고 해주지 않았나? 이제까지도 아저씨의 도움을 많이 받았지만 민우는 새삼스레 아저씨에게 깊은 신뢰감을 느꼈다. 아저씨는 밖으로 보이는 발표의 '기술'뿐 아니라 발표하는 사람들의 '마음'까지도 함께 알아주는 사람이었다.

　분식집 아저씨와 헤어져 가게를 나오는데 양복 차림의 남자가 민우를 스쳐서 분식집 안으로 들어갔다. 그 남자가 분식집 아저씨에게 "팀장님!" 하고 불렀다. 민우가 슬쩍 들여다보니 양복 입은 남자는 무언가 심각한 이야기를 하고 있었지만 분식집 아저씨는 그냥 빙그레 웃기만 했다. 팀장님? 분식집 아저씨의 정체에 대한 작은 단서였지만 지금은 그게 급한 것이 아니다. 우리의 발표가 바로 코앞으로 닥쳐온 참이라 민우는 급하게 집으로 돌아갔다.

"야, 민우야 뭐 생각해?"
　엊저녁 일을 생각하느라 잠시 멍해 있던 민우에게 아이들이 소리쳤다.
"조장이 딴 생각하기냐?"
　민우는 얼른 정신을 가다듬고 이야기의 본론으로 돌아갔다. 친구들의 좋은 점, 잘한 점을 구체적으로 이야기했다. 찬기는 자신감 있는 목소리가 좋았고 빛나도 또박또박 쉽게 설명을 잘했다. 예주의 친근감 있는 발표도 좋았다. 모두 대본을 완벽히 숙지하고 있었기 때문에 중간에 말이 막히거나 꼬이는 일이 없었다. 민우가 칭찬으로 시작하자 모두들 서로 칭찬하기에 바빴다. 면전에서 칭찬을 들으니 쑥스럽기도 했지만 그래도 분위기는 아주 좋았다. 뒤이어 고쳐야 할 점들도 이야기했지만 사실 아주 사소한 것들이었다.
"찬기가 이쪽으로 옮겨가면서 슬라이드를 조금 가렸네."
"어? 그랬네. 한두 걸음 더 왼쪽으로 가야겠다. 예주는 목소리가 조금 더 커야겠다."

"우리 말할 때 너무 슬라이드를 쳐다보는 것 같아. 슬라이드 안 봐도 내용 다 아니까 애들을 보자."

"좋아, 그리고 처음에 들어오고 나갈 때도 앞쪽으로 우르르 가지 말고 일단 옆으로 다 빠져서 들어오는 게 지저분해 보이지 않을 것 같아."

"그럼 다시 한 번 해볼까?"

리허설을 다섯 번이나 했다. 서는 위치, 목소리 크기, 시선 하나하나까지 다 맞췄다. 그러자 점점 자신감이 붙었다. 이대로만 하면 정말 완벽한 발표가 될 것 같다.

질의응답

예주가 밝은 얼굴로 말했다.

"질의응답은 어떻게 하지?"

이럴 수가! 질의응답을 잊고 있었다. 분명 스토리보드에는 질의응답이 들어 있었는데 발표하는 동선이니 목소리 톤이니 하는 것에 신경을 쓰고 있다 보니 까맣게 잊은 것이다. 그때 찬기가 호기롭게 외쳤다.

"질문이 나오면 대답해주면 되는 거지. 발표 내용에 대해서는 우리 다 알잖아."

"그럼 모든 질문에 찬기가 대답하는 걸로?"

"에이 그건 아니고."

모두 다시 자리에 앉았다. 질문에 대답할 답변자부터 정해야 했다.

"질문을 들어보고 잘 대답할 자신이 있는 사람이 하면 되지 않을까?"

"어떤 질문이 나올지 알아야지."

"그걸 어떻게 미리 알아? 그건 우리 조 애들이 하는 게 아닌데. 일부러 아주 까다로운 걸 물어볼지도 몰라"

"그럼 우리가 예상 질문을 뽑아보자!"

머리를 맞대고 예상 질문을 뽑았다.

1번. 나라 전체로 보면 쓰레기 양이 엄청난데 우리 반, 우리 학교에서 쓰레기를 줄이는 것이 무슨 소용이 있을까?

2번. 쓰레기 소각장 탐방은 언제 어디로 어떻게 갈 것인가?

3번. 쓰레기통 분리수거함을 설치한다 해도 관리의 문제가 있는데 누가 어떤 방법으로 관리할 것인가?

예상되는 질문을 뽑고 그에 대한 답을 정리했다. 1번 질문은 빛나가, 2번과 관련된 질문은 예주가, 3번 질문은 찬기가 대답하기로 했다. 그 외 우리가 예상치 못한 다른 질문은 민우가 최대한 답변해보기로 했다. 이번엔 예주가 불안한 얼굴로 물었다.

"하지만 진짜로 모르는 걸 물어보면 어쩌지?"

민우는 솔직하고 진실한 답을 하는 게 최고라고 생각한다. 찬기 역시 마찬가지 생각이었던 모양이다.

"그럼 모른다고 말해야지."

"모른다고 말하자고?"

"맞아, 얼버무리지 말고 솔직히 그건 아직 알아보지 못했다고 말하자."

"지금은 대답할 수 없지만 더 생각해보거나 더 자료를 찾아보고 대답해주겠다고 약속하면 되잖아."

맞다. 대충 넘어가지 않고 질문에 대해 책임지는 자세를 가지고 있으면 된다. 열심히 준비한다고 했지만 생각지도 못한 허점이 있을 수 있다. 리허설까지 하고 꼼꼼히 모든 사항을 점검했지만 완벽하다는 건 있을 수 없다. 생각지도 못한 돌발 상황이 생길 수 있으니까. 그렇다고 해도 잘 대처해나갈 수 있다는 자신감이 생겼다. 혹시 조원 가운데 누가 아파서 발표하는 날 결석하게 된다 하더라도 다른 누가 대신할 수 있을 거라는 확신도 섰다. 모여서 연습을 많이 하다 보니 다른 사람 분량까지 다 외울 수 있게 되었기 때문이다.

시험공부를 많이 하면 시험이 기다려진다는 아저씨의 말. 그땐 믿지 않았는데 지금은 딱 그 기분이다. 민우는 발표 날이 기다려졌다.

신나는 발표,
즐기는 발표를 위하여

4장

말하듯 자연스러운 발표 대본 만들기

발표는 대화다. 발표자가 일방적으로 말하고 청중은 그저 듣고만 있는 것 같지만 듣는 사람은 고개를 끄덕이거나 웃거나 발표하는 사람과 시선을 맞추는 식으로 끊임없이 소통하고 있다. 발표하는 사람이 책을 읽듯이 딱딱하게 원고를 읽기만 한다면 듣는 사람은 금세 지루해진다. 들고 있는 원고만 쳐다보면서 듣는 사람에게는 시선도 주지 않는 경우가 가장 최악이다.

'책 읽듯이'가 아닌 '말하듯이' 발표하려면 발표 대본을 쓰고 그 내용을 완전히 자기 것으로 만들어야 한다. 대본은 슬라이드 노트에 쓴다. 슬라이드 노트는 만든 슬라이드 밑에 설명 대본을 쓸 수 있도록 만들어진 여백이다. 슬라이드 한 장을 띄워놓고 청중이 해당 페이지를 보고 있을 때 발표자가 할 말을 꼼꼼히 다 쓴다.

중요한 것은 쓴 것을 소리 내어 말해보는 것이다. 읽는 것과 말하는 것은 다르다. 듣는 사람 입장에서 편안하게 들리는지 말하기에 어색한 곳은 없는지 불필요한 곳은 없는지 반복해서 말해본다. 반복하다 보면 자신이 작성한 대본이 저절로 외워지고, 외우고 나면 원고를 보지 않고도 더 편안하게 말할 수 있게 된다. 페이지마다 발표 대본을 작성한 후에는 슬라이드 노트를 포함해서 전부 다 인쇄한 후 전체 대본을 다시 살펴본다. 전체적으로 살펴보면 내용이 중복되거나 연결이 어색하게 된 부분을 발견할 수 있다.

모든 슬라이드와 전체원고를 한꺼번에 보면서 슬라이드의 순서를 바꾸거나 중복되는 부분은 삭제하는 과정을 거친다. 흐름상 필요하다고 느끼면 추가 자료를 만들 수도 있다. 여러 사람이 함께 작업한 경우는 더더욱 검토를 여러 차례 반복해서 서로 체크해줄 필요가 있다. 자기가 발표할 부분만 볼 것이 아니라 전체를 함께 보면서 서로 의견을 주고받으면 최종 발표 자료의 수준이 쑥 올라갈 것이다.

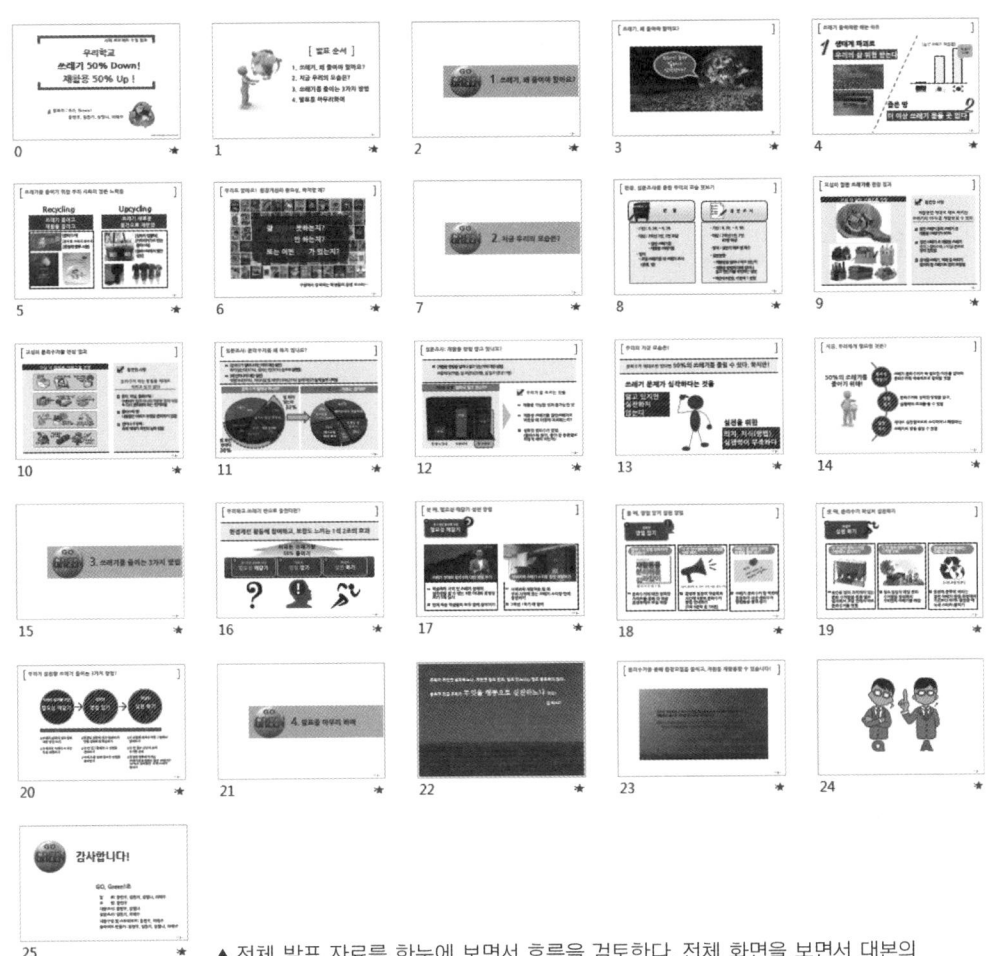

▲ 전체 발표 자료를 한눈에 보면서 흐름을 검토한다. 전체 화면을 보면서 대본의 흐름을 검토해보면 페이지 간 이동이나 삭제, 보완에 대한 마지막 아이디어가 떠오르기도 한다.

키워드 중심의 현장 대본 만들기

전체 대본을 만들어서 화면을 보지 않고서도 발표할 수 있도록 대본 숙지가 모두 끝났다면 전체 대본은 보관하고, 현장에서 활용할 키워드 중심의 대본을 간략하게 만든다. 실제 발표 장소에서는 전체 대본을 가져가게 되면 나도 모르게 대본을 읽게 되기 때문에 기억이 잘 나지 않는 부분이나 중요하게 강조해야 하는 키워드만 간략하게 정리해서 이를 A4 반 장 정도의 사이즈로 만들어 발표를 진행하면 된다.

반복된 연습으로 무대를 내 것으로

중요한 발표를 앞두고 있으면 적어도 이틀 전까지는 발표 자료를 마무리한다. 남은 이틀은 실제처럼 발표를 연습하는 데 시간을 쏟는다. 처음에는 주요 목차 별로 쪼개서 시간을 체크해가며 발표를 연습한다. 이후 목차 별 발표 시간이 잘 맞춰지고, 내용이 매끄럽다고 여겨지면 처음부터 끝까지 발표를 진행해본다.

연습할 때에는 메모지에 목차를 적고, 연습한 횟수를 기록한다. 연습하면서 막히거나 내용을 변경해야 할 때 체크를 해두고 하나씩 조정해나간다. 실제 발표 자료의 마무리는 연습하는 과정에서 이루어진다. 직접 말로 표현해보면 논리적으로 엉성한 부분, 수정하거나 삭제할 내용들을 쉽게 찾을 수 있다.

자신이 발표할 내용을 반복해서 연습해본다면 실제 발표 장면에서는 슬라이드를 보지 않고도 편안하게 이야기할 수 있다. 그렇게 되면 발표가 두려움의 대상이 아니라 내가 준비한 것을 자신 있게 보일 수 있는 편안한 무대가 될 것이다. 연습, 아무리 강조해도 지나치지 않다.

발표에 적합한 목소리를 점검하자

발표 자료를 만들 때 이미지를 넣고 표를 만들고 글자 크기를 키우고 색을 바꾸는 등등의 모든 일은 강조할 메시지, 결론, 중요한 포인트를 표현하기 위해서다. 실제 발표에서는 그런 역할을 하는 것이 바로 발표자의 목소리다.

목소리는 많은 정보를 가지고 있다. 같은 사람이어도 목소리의 톤이나 억양, 크고 작음, 높낮이에 따라 말하는 사람의 감정이나 상태를 눈치 챌 수 있다. 말하고 있는 내용이 신뢰할 만한지 발표자가 내용을 어느 정도나 파악하고 있는지도 알 수 있다. 목소리에 따라 청중의 집중도도 달라진다.

목소리를 조절하면 말하고자 하는 내용도 조절할 수 있다. 문장의 어느 곳을 힘주어 강조하느냐, 어떤 톤으로 말하느냐에 따라 듣는 사람도 그 의미를 다르게 받아들이기 때문이다. 높낮이 없이 빠르게 말하면 크게 중요하지 않은 정보를 나열하는 것으로 들린다. 이때 잠시 사이를 두었다가 천천히 강하게 말하면 듣는 사람은 바로 그 부분이 핵심이라는 것을 알게 된다.

발표할 때 목소리의 톤은 너무 높지도 낮지도 않은 정도, 음계로 치면 '미' 정도의 높이로 유지한다. 다만 강조하고 싶은 내용이나 결론을 말할 때는 톤을 '솔' 정도로 높여서 청중을 집중할 수 있게 한다. 반대로 갑자기 목소리의 톤을 낮추고 작게 말하는 것이 집중력을 높여주기도 한다. 중요한 것은 단조롭지 않게 리듬감을 주어야 한다는 것이다.

목소리 톤과 더불어 정확한 발음도 중요하다. 발표 자료를 또박또박 읽으며 본인이 자신의 발음을 점검해보고 가족이나 친구들에게도 평을 들어보자. 평소에 신문이나 책을 큰 소리로 또박또박 읽어보는 연습을 하면 정확한 발음을 가지는 데 큰 도움이 된다. 발표 연습을 하다 보면 자주 틀리거나 혀가 꼬이는 부분이 나오게 마련이다. 그 부분은 특히 여러 차례 소리 내서 연습한다. 그래도 자꾸만 틀린다면 발음하기 어려운 단어를 연이어 쓴 것은 아닌지 점검하고 다른 단어로 바꾼다.

　말을 하는 속도도 중요한 요소다. 평소에 말이 느린 편이라면 조금 속도를 내어 말하는 연습을 해보고, 평소에 말이 빠르다면 원고의 문장에 끊어 읽는 표시를 해놓고 천천히 읽는 연습을 한다. 이를 테면 "우리가 분리수거를 제대로 한다면/ 종량제 봉투에 버리는 쓰레기의/ 약 50%는 /재활용 쓰레기로 분류될 수 있습니다" 하는 식이다.

　정말 중요한 문장 혹은 핵심 주제나 결론을 이야기할 때는 말하기 전에 2~3초 정도 쉬는 시간을 가진다. 이런 잠깐의 공백은 잘 활용하면 청중을 집중시키는 훌륭한 수단이 된다. 중요한 이야기를 하기 직전이나 상대방에게 질문을 던질 때 활용할 수 있다.

손동작, 눈 맞춤, 몸의 움직임도 연습하자

의사소통에서 비언어적인 면이 차지하는 비중은 생각보다 훨씬 크다. 말의 내용도 중요하지만 자세나 몸짓, 표정이 언어적인 것보다 더 중요하다는 연구 결과가 많이 나와 있다.

손동작

발표에 익숙하지 않은 사람은 무대에 나오는 순간부터 온 몸으로 어색함을 표현한다. 가장 어쩔 줄 몰라 하는 것이 손이다. 손을 어디에 둬야 할지 몰라 내내 어색해 하다가 주머니에 넣거나 발표 내내 뒷짐을 지고 있기도 한다. 당연히 좋지 않은 태도다. 발표를 연습할 때는 손동작을 어떻게 할 것인지 미리 연습해두어야 어색함을 떨치고, 발표하고자 하는 내용에 집중할 수 있다.

  처음 발표를 시작할 때는 두 손을 가볍게 모아 배꼽 정도에 두는 것이 가장 편안해 보인다. 배꼽보다 더 아래쪽에 두면 지나치게 겸손해 보여서 발표에 자신감이 없어 보이고, 차렷 자세로 있으면 경직되어 보인다. 두 손을 편안하게 배꼽 정도에 두고 발표를 시작하다가 중요한 내용을 설명하거나 내용의 이해를 돕기 위하여 중간 중간 손동작을 활용한다. 손동작을 할 때는 소극적으로 움직이기보다 평소보다 조금 크게 동작을 해야 청중이 그 움직임을 파악할 수 있다.

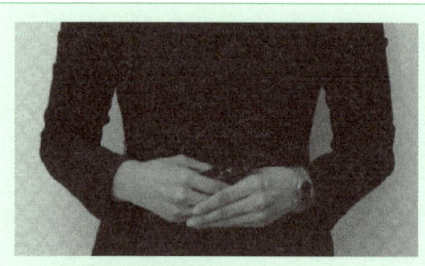

처음 시작할 때의 자세는 두 손을 배꼽에 모아 편안하게 두는 것이 좋다.

화면의 중요한 내용을 가리킬 때는 손바닥이 상대방에게 보이도록 한다. 손바닥이 아래를 향하게 되면 긍정적인 느낌을 반감시킨다.

"지금부터~"와 같이 시작하는 경우, 또는 "이처럼~", "지금까지 보신 것처럼~"과 같이 정리하는 경우 양 손을 벌리는 동작을 사용한다.

레이저 포인터로 화면에 레이저를 쏘는 경우는 드물다. 레이저로 화면을 가리킬 경우, 선명하지 않거나 포인터가 흔들리면서 눈이 아플 수도 있어서 최근엔 손으로 화면을 가리키는 경우가 많다.

레이저 포인터를 손에 들고 발표할 때 자꾸 손을 흔들거나 움직이는 습관은 보는 사람을 불안하게 한다.

이 외에도 보는 사람이 발표자의 의도를 명확히 알아차릴 수 있는 나만의 동작을 개발해보자.

시선

발표자의 시선은 매우 중요하다. 말하는 사람의 시선에 따라 보는 사람이 편안함을 느낄 수도 불안함을 느낄 수도 있기 때문이다. 발표가 익숙하지 않으면 청중을 보기보다 허공을 보거나 발표하는 화면에 시선을 고정시키기가 쉽다. 고개를 푹 숙이고 발표 원고만 들여다보는 것이 가장 좋지 않은 태도다.

발표자는 자기 발표를 듣는 사람에게 시선을 주어야 한다. 그래야 그때그때 청중의 반응을 확인할 수 있다. 말하는 사람이 자신을 보고 있어야 듣는 사람도 더 집중한다. 발표에서는 말하는 사람은 혼자인데 듣는 사람은 여럿이다. 되도록 골고루 이쪽저쪽으로 시선을 주는 것이 좋지만 너무 정신 없이 여기저기 시선을 돌리는 것도 오히려 산만해 보인다. 한 사람의 눈을 보고 적어도 2~3초 이상 이야기하다가 시선을 다른 사람으로 돌리는 것이 좋다.

발표 무대에 올라갔을 때 많이 떨린다면 초반에는 내게 호감을 가진 사람, 친한 친구나 발표를 열심히 듣는 리액션이 좋은 사람을 쳐다본다. 그 사람이 고개를 끄덕여주고 열심히 들어주는 것만으로도 발표하는 사람은 자신감과 안정감이 생긴다. 안정이 된 후에는 다양한 방향으로 시선을 돌려준다. 심사위원이나 선생님이 발표를 듣고 있는 경우라면 날 평가해 주는 그 사람들과도 종종 눈을 마주치는 것이 좋겠다. 시선을 줄 때는 나의 메시지를 그 사람에게 일대일로 전달한다는 마음으로 눈을 마주친다. 몇 초에 불과할지라도 그 순간만큼은 나와 눈을 마주치는 사람에게 집중한다. 그러면 듣는 사람의 자세도 훨씬 적극적으로 변한다. 그렇다고 여러 사람 중 한 사람만을 정해서 처음부터 끝까지 빤히 쳐다보지는 말아야 한다.

몸의 움직임(제스처)

발표 무대에 선 사람은 자신의 자세와 움직이는 동선에 신경을 써야 한다. 많은 사람 앞에 서 있는 것이 어색하다고 몸을 비비 꼬거나 한쪽 다리에만 체중을 실어 삐딱하게 서지 말아야 한다. 탁자나 칠판에 몸을 기대는 경우도 있는데 그런 모습도 보기에 좋지 않다. 단순히 보기에 안 좋은 데서 끝나는 것이 아니라 잘못된 자세는 발표자에 대한 기대와 신뢰를 떨어뜨린다. 서 있는 자세만으로도 발표자가 자신이 있는지 없는지 발표 내용이 믿을 만한지 아닌지 판단하게 된다. 발표 자료는 열심히 준비했는데 자세가 나빠서 좋은 인상을 주지 못한다면 억울한 일이다.

발표자가 옷매무새도 반듯하고 머리도 단정하게, 어깨를 쫙 펴고, 배에 힘을 준 바른 자세로 서 있는 것은 '발표 준비 완료'라는 메시지를 주는 것이다. 발표자가 준비되어야 청중도 들을 준비를 한다.

한 자리에 서서 발표를 하게 될 수도 있지만 무대 위에서 자리를 이동해야 할 경우도 생긴다. 발표하는 동안 화면에 있는 중요한 정보를 강조하고자 할 때는 화면 쪽으로 몇 발짝 가까이 이동해서 화면의 중요 정보를 손으로 가리켜준다. 발표의 결론 부분, 정말 중요한 메시지가 있을 때는 청중 쪽으로 한 발짝 더 이동해서 가까이 눈을 마주치고 이야기하면 훨씬 전달력이 높아진다. 무대 위의 발표자는 모든 사람의 시선을 한 몸에 받고 있으므로 한 발자국 앞으로 나서는 것만으로도 큰 효과를 낼 수 있다.

하나의 주제 발표를 하는데 발표자가 여럿인 경우에는 먼저 발표한 사람이 퇴장하고 그다음 발표자가 무대로 들어오는 동선을 미리 짜두어야 한다. 무대에서 우왕좌왕하거나 발표자들끼리 동선이 얽혀 부딪치지 않도록 서로의 움직임을 미리 익혀두자.

지금까지 함께 살펴본 손동작, 눈맞춤, 몸의 이동 동선 모두 미리 준비하고, 여러 차례 반복 연습하면 훨씬 자연스럽고, 자신감 있게 발표를 진행할 수 있다.

여러 명이 자신을 주시하는 가운데 혼자 앞에 서서 무언가 발표해야 하는 상황은 일상에서 흔히 일어나는 일이 아니다. 떨리고 긴장되는 것은 당연하다. 그것을 극복하려면 여러 번 반복해보는 수밖에 없다. 기억하자. 무대에서 당황하지 않으려면, 어색하게 쭈뼛거리지 않으려면, 연습밖에 답이 없다는 것을!

실제처럼 리허설 하기

리허설이란 공연이나 발표 등을 하기 전에 처음부터 끝까지 모든 과정을 실제와 똑같이 진행해보는 것이다. 리허설을 해보면 준비할 때는 놓쳤던 세심한 부분을 꼼꼼히 챙겨볼 수 있다. 예를 들어 무대의 어느 방향에 서서 발표할지, 퇴장할 때는 어느 방향으로 나갈지, 발표 때 사용할 레이저 포인터나 프로젝터는 제대로 작동하는지 등도 체크해볼 수 있다.

리허설은 어떻게 하는 것이 좋을까?

정답은 실제처럼 하는 것이다. 그래서 자신이 발표할 장소에서 직접 리허설을 해보는 것이 가장 좋다. 우리가 좋아하는 아이돌 가수들도 공연 전 자신이 공연할 바로 그 무대에서 직접 리허설을 한다. 하지만 실제 발표 장소에서 리허설 하기가 힘든 조건이라면 내 방의 한 공간이라도 무대라고 생각하고, 실제처럼 등장하고, 인사도 해보자.

　리허설을 할 때에 '했다 치고'는 없다. 처음부터 끝까지 진짜처럼 해봐야 한다. 팀 발표라면 무대에 등장해서 처음 인사를 하고, 우리 팀을 먼저 소개한다. 그 후 첫 번째 발표자만 남고, 나머지 발표 대기자들은 한쪽으로 빠져 옆 라인에 서 있거나, 앞 좌석이 비어 있는 경우 앞 좌석에 앉아 있어도 좋다. 이처럼 동선 하나하나 세세한 부분까지도 실제로 해보고, 수정하면서 무대에서 우왕좌왕 하는 일이 없도록 한다. 이것이 리허설의 목적이다.

　집에서 연습할 경우 비록 파워포인트 화면이 나오지 않더라도 화면이 있다고 가정한다. 당연히 청중도 있다. 가상의 화면과 청중을 두고, 다양한 표정과 목소리 톤을 시도해보고, 처음부터 끝까지 발표를 이어본다.

발표 모습을 모니터하라

자신이 발표하는 모습을 스마트폰으로 촬영해서 모니터하거나 음성을 녹음해보는 것도 좋을 것이다. 자신이 발표하는 모습을 영상이나 녹음된 음성으로 들어보면 객관적으로 나를 관찰하게 되면서 무엇을 수정해야 할지 방향을 알게 된다.

같은 조 친구들과 각자 맡은 부분을 발표하고 서로 평가해주는 과정도 거쳐야 한다. 리허설을 하면서 친구들과 어떤 부분을 잘했고, 어떤 부분을 개선하면 좋을지를 관찰하여 그것들을 수첩에 적어본다. 발표가 모두 끝난 후 서로 피드백을 주고받는다. 서로의 발전을 위한 것이기 때문에 누군가가 주는 피드백을 기분 나쁘게 받아들이기보다 나를 위한 선물이라는 생각으로 기꺼이 듣고, 취할 것은 취하는 것이 현명한 자세이다.

피드백은 이렇게 주고받는다

동료끼리 모니터해주고 피드백을 주고받을 때도 지켜야 할 매너가 있다. 잘한 점은 충분히 칭찬하는 것이다. 발표를 앞두고 누구든 긴장하고 스트레스를 받기 때문에 친구의 칭찬은 큰 힘이 된다. 고쳐야 할 점을 이야기할 때도 잘한 점을 먼저 이야기하고, 아쉬운 점을 나중에 이야기하는 것이 좋다. 아쉬운 점을 이야기할 때에는 어떤 점을 어떻게 개선하는 것이 좋을지 구체적인 대안을 이야기해주는 것이 도움이 된다. 비판을 위한 비판, 친구의 기를 죽이는 피드백은 서로에게 도움이 되지 않는다. 우리는 한 팀이고 친구가 발전하는 것이 내게도 이득이라는 것을 잊지 말자.

친구의 발표를 듣거나, 나의 발표 장면을 영상이나 녹음된 음성으로 들을 때는 군더더기가 없는지 유심히 살펴보자. 대부분의 사람들은 이야기할 때 불필요한 군더더기 단어를 사용한다. 예를 들면, "음~, 어~, 그러니까~, 솔직히 말해서~, 그냥~" 등 듣는 사람에게는 들리는데 자신은 의식하지 못하는 것들이다. 이런 군더더기 단어 사용을 조심하면 더 깔끔한 발표를 할 수 있다.

시간을 체크한다

리허설을 하면서 마지막으로 체크할 것이 시간이다. 수업 시간의 발표는 시간이 정해져 있다. 짧으면 5분, 길어야 20분 내에 발표해야 하는 경우가 많은데, 시간을 지키는 것도 매우 중요하다. 15분 발표라면 리허설을 할 때 14분 40초 정도에 발표가 마무리 되도록 대본을 수정한다. 몇 차례 리허설을 하다 보면 발표 시간을 정확히 맞출 수 있다.

팀 킬을 방지하라

실제 팀 발표 현장에서는 발표자가 이야기하는 도중에 무대에 서 있던 다른 발표자가 화면을 가로질러 지나가기도 하고 잡담을 하며 팀 킬을 하는 경우도 있다. 조원 중 한 사람이 발표를 하고 있을 때는 나머지 조원들은 누구보다도 열심히 듣는 청중이 되어주어야 한다. 조원들 모두가 발표에 집중해야 하고, 이동경로와 시선, 어디에 설 것인가, 누가 리모컨을 작동

할 것인가, 누가 이야기하고 누가 슬라이드를 넘길 것인가, 한 사람이 발표하는 동안 다른 사람은 무엇을 할 것인가 등을 세밀히 정해두어야 한다. 그렇게 하면 발표에 대한 불안을 잠재울 수 있다.

아래의 체크리스트를 활용하여 리허설을 모니터해보자.

분류	체크 포인트
오프닝	• 시작할 때 도입 부분이 발표 내용과 잘 연결되는가? • 호기심, 관심을 유발하는 인상적 오프닝을 하는가?(공감)
본론	• 전체 발표 내용을 청중이 잘 파악할 수 있도록 개요 설명을 잘했는가?(이해) • 무엇을 말하려고 하는지 알기 쉽게, 흥미롭게 전달하였는가?(관심)
종료	• 요약과 강점을 반복, 강조하고 있는가? • 종료 시 본문과 관련 있는 결론을 도출하였는가?
동작	• 태도는 겸손하고 신뢰성이 있어 보이는가? • 시선 처리는 골고루 잘하는가? • 청중과의 상호교감을 위한 분위기(제스처, 공간이동 등)를 연출하고 있는가?
말하기	• 목소리의 음색/크기/억양/속도는 적절한가? • 말은 자연스러운가? • 목소리는 안정되고 떨림은 없는가?
자료 구성	• 발표 자료의 전체 흐름이 논리적인가? • 자료의 내용이 주제에 맞게 구성되었는가? • 본문 내용 중 차별화된 내용이 잘 드러나는가? • 도식화, 시각화 활용으로 이해하기 수월하며 가독성은 충분한가?
전체	• 발표자의 발표 내용이 청중을 설득하기에 충분하였는가? • 창의성이 돋보이는가? • 발표의 핵심 내용(메시지)은 무엇인가? • 발표자가 자신감, 전문성, 신뢰성이 있어 보이는가?

▲ 나의 발표 체크리스트

질의-응답도 발표의 일부다

발표의 마지막에 늘 있는 것이 질의-응답이다. 15분 정도 발표하고, 5분 정도 질의응답 시간을 갖는다거나 20분 발표 후 10분 동안 질의-응답 시간을 두는 것이 일반적이다. 질의-응답도 발표에 포함되는 중요한 시간이기 때문에 질의-응답 시간에 대한 철저한 계획이 필요하다.

예상 질문을 뽑는다

내가 청중이라면 어떤 질문을 할까를 생각하면서 질문을 뽑아볼 수도 있고, 친구들이나 부모님과 예상 질문을 함께 뽑아볼 수도 있다. 예상 질문을 먼저 뽑았다면 제한된 시간이 짧기 때문에 간략하고도 핵심적으로 답변할 수 있도록 예상 답변을 정리해본다. 질의-응답 시간에 친구들의 질문이 없을 때를 대비해서 마무리할 수 있는 이야기를 짧게 1분에서 2분 정도 준비하는 것도 좋다.

질문에 대해 감사를 표하라

만약 누군가 침묵을 깨고 질문해주었다면 먼저, "질문해주셔서 감사하다"는 감사의 마음을 꼭 표현하는 것이 좋다. 질문을 주었다는 것은 내가 한 발표를 관심 있게 들었다는 증명이기 때문이다. 또 질문의 성격에 따라 칭찬을 해주면 좋다. "좋은 질문입니다", 혹은 "의미 있는 질문입니다" 등등 그 질문에 대해 칭찬하고, 본인이 할 수 있는 한도 내에서 성심껏 답변해야 한다.

답변에도 전략이 필요하다

질문에 따라 내가 정확하게 답변할 수 있는 내용이라면 충분히 답변하고, 내가 답변하기 곤란한 질문이라면 발표 시간이 끝난 후 좀 더 알아보고 말씀드리겠다고 정중하게 양해를 구한다. 만약 질문자가 나의 발표 방향에 대한 반대 의견을 주었다면 그럴 수 있다고, 상대의 의견에 동의하면서 그럼에도 불구하고 내가 이렇게 발표를 하게 된 배경을 간략하게 부연 설명한다. 하지만 질문자가 쉽게 자신의 의견을 굽히지 않을 때에는 끝까지 논쟁을 벌이기보다는 시간에 맞춰 발표를 마무리하고, 그 부분에 대해서는 추후 좀 더 이야기를 나누자고 제안하는 것이 좋다. 또 상대가 무시당했다고 느끼지 않도록 상대를 배려하고, 존중하는 자세를 잃지 않는 것이 중요하다.

질의-응답이 끝나면 반드시 마무리 멘트를 하라

질의-응답 시간을 거쳐서 발표가 마무리되는데, 마무리가 흐지부지 된다면 아무리 앞에서 발표를 잘했다 하더라도 전체 이미지가 망가진다. 발표자는 무대에서 내려오기 전 마지막으로 어떤 이야기를 할 것인가를 고민할 필요가 있다. 마지막으로 친구들에게 어떤 메시지를 전달하면 좋을까? 내 발표 내용에서 가장 핵심은 뭘까? 생각하면서 마무리 멘트를 짧게 만들어보자.

당당하고, 친근하게, 진심을 다해 발표하자

반복된 연습, 수정, 또 연습으로 최선을 다했다면 이제 발표 무대에 당당하게 올라가보자. 아무리 연습을 많이 했어도 처음엔 누구나 떨린다. 긴장을 하게 되면 입안에 침이 고이거나 마르는 현상이 나타나고, 손이 떨리거나 목소리가 떨릴 수 있다. 하지만 이건 누구나 겪는 자연스러운 현상이므로, 그 부분에 집중하지 말고 리허설 할 때의 느낌을 살려 당당하게 발표한다. 더불어 겸손하고 친근한 태도도 잃지 말아야 한다. '우리가 열심히 준비한 내용이니 잘 들어줬으면 좋겠습니다' 하는 마음으로 진심을 다해 하나하나 이야기하면 어느새 이야기를 듣는 친구들도 집중하고 호감 가는 눈빛으로 나를 쳐다볼 것이다.

돌발 사태에 대비하자

물론 돌발 사태가 일어날 수도 있다. 발표하는 과정에서 갑자기 잘 되던 레이저 포인터가 말을 듣지 않는다거나 화면이 제대로 나오지 않을 수 있다. 발표 장소는 라이브 무대이기 때문에 어떤 일이 발생할지 모른다. 그때는 일단 청중에게 잠시 살펴보겠다고 이야기하고, 편안한 마음으로 발표 장비를 체크하고, 그 이후에도 문제가 해결되지 않는다면 선생님과 상의하여 이후 발표 진행을 계속할 것인지 다음에 할 것인지 판단한다.

질문에 응답할 수 없을 때

발표가 모두 마무리 된 후 질의-응답 시간에 답변하기 힘든 질문이 나왔다면 그 자리에서 어떻게든 결론을 지으려 하지 말고, 조금 더 알아본 후 다시 이야기하겠다, 질문에 바로 답변을 하지 못해 미안하다는 이야기를 하는 게 좋다. 억지로 그 자리에서 결론을 내리려고 하거나 자신 없는 표정과 말투로 얼버무리게 되면 앞에서 발표한 내용까지 신뢰를 잃게 되기 때문이다.

처음부터 끝까지 우리가 준비한 것에 대한 자신감을 잃지 말고 진정성을 가지고 친근하게 이야기하는 것을 잊지 말자.

돌발 상황 대처

● **갑자기 레이저 포인터가 작동하지 않을 때**

종종 레이저 포인터를 눌렀는데도 다음 페이지로 넘어가지 않을 때가 있다. 이때에는 컴퓨터에 꽂아 놓은 USB를 다시 뺐다가 꽂아보고, 작동을 점검한다. 그래도 계속 작동하지 않을 때는 당황하지 말고 같은 팀의 동료가 수동으로 다음 페이지로 넘기는 작업을 해야 한다. 이때를 대비해 팀 발표 준비 시 수동으로 다음 페이지를 넘기는 사람을 미리 정해놓으면 좋다. 발표 연습과 리허설을 할 때 어느 부분에서 다음으로 넘겨야 하는지 서로 공유해놓으면, 문제 발생 시 바로 대처할 수 있다. 팀 발표가 아니라 개인 발표라고 하더라도, 문제 발생 시 나를 도와 줄 친구를 미리 정해놓고, 서로 돕기를 하는 것도 방법이다.

● **갑자기 프로젝터가 작동하지 않을 때**

프로 발표자들도 흔히 겪는 프로젝터의 오작동은 가장 난감한 경우다. 파워포인트 발표의 경우, 화면 없는 발표는 거의 불가능하기 때문이다. 이때는 청중에게 잠시 프로젝터를 점검하겠다는 양해를 먼저 구하고, 선생님과 장비를 체크하자. 이런 문제를 예방하기 위해 실제 장소에서 실제 장비를 가지고 리허설 하는 것이 중요하다.

● **USB에 담은 파일이 열리지 않을 때**

교실에 있는 컴퓨터에 USB를 꽂아 파일을 열 때 갑자기 에러가 나면서 파일이 제대로 열리지 않을 수 있다. 이때를 대비해 발표 자료는 나에게 메일로도 보내놓고, 무료로 제공하는 클라우드 드라이브에도 파일을 저장해놓자. USB 파일이 열리지 않을 때 인터넷에 접속해서 파일을 다운받을 수 있도록 대비해놓으면 안심이 된다.

● **파일을 열었는데 폰트나 이미지가 깨질 때**

간혹 작업한 파워포인트 버전이 맞지 않을 때, 혹은 작업한 컴퓨터에만 특정 폰트가 있을 때 파일을 열긴 열었는데 글자가 원하는 폰트로 열리지 않거나 이미지가 깨지기도 한다. 이때를 대비해서 작업한 파일을 발표용으로 저장할 때는 파일 저장 옵션에서 폰트를 포함해서 저장해야 한다. 폰트를 포함해서 저장할 경우, 발표하는 컴퓨터에 내가 사용한 폰트가 없더라도 읽기 전용으로 파일을 열어 내가 원하는 글씨체로 발표를 진행할 수 있다. 또 파워포인트 버전 차이로 발생하는 문제를 없애기 위해 파일 저장 시 파일 형태를 97~2003 파워포인트 형식으로 저장하면 버전이 낮은 컴퓨터에서도 파일이 깨지는 위험을 줄일 수 있다. 가장 좋은 것은 내가 발표할 장소의 컴퓨터 버전을 미리 확인하는 것이다.

★폰트를 포함해서 저장하는 방법

파일을 저장할 때 저장 버튼 옆의 도구 버튼에서 저장 옵션을 클릭한다.

저장 옵션 박스의 하단에 있는 파일의 글꼴 포함을 체크한 후 확인 버튼을 누른다.

● 팀 발표인데 팀원이 발표를 하지 못하게 되었을 때

3~4명이 함께 발표하는 경우 한 명이 갑자기 아프거나 부득이한 사정으로 당일 발표를 하지 못하게 되는 경우가 있다. 이때를 대비해서 팀 발표의 경우, 각자 짝을 이뤄 한 친구가 문제가 발생했을 때 대체할 수 있는 짝꿍을 미리 정해놓는 것이 좋다. 자신이 발표하는 부분을 제외하고도 같은 팀원이 발표하는 부분에 대해서도 급할 때는 내가 할 수도 있다는 준비 자세가 필요하다.

● 질의-응답 시간에 잘 모르는 부분에 대한 질문을 받았을 때

이때는 일단 자신이 이 부분에 대해 잘 모르고 있음을 솔직하게 이야기한다. 발표 시간 이후 꼭 확인해서 답변하겠다고 약속하고, 그 약속을 지킨다. 발표의 기본은 신뢰이기 때문이다.

● 질의-응답 시간에 질문이 아예 없을 때

질문이 전혀 나오지 않아 분위기가 썰렁해지는 경우가 종종 있다. 이럴 경우를 대비해 이 시간에 마지막으로 강조하거나 정리할 이야기를 2분 정도 준비해서 썰렁한 질문 시간을 오히려 발표 내용을 보강하는 시간으로 활용하면 발표 마무리가 더욱 탄탄해질 수 있다. 실제로 프로 발표자들도 질문이 나오지 않을 경우를 대비해 마지막으로 자신의 발표를 더욱 멋지게 마무리할 수 있는 가장 중요한 멘트를 아껴두기도 한다.

민우네
학교 이야기 7

드디어 발표 "우리의 무대를 즐기는 거야!"

청개구리조의 발표는 제일 마지막 순서였다.

시작하기 전까진 별의별 생각이 다 들었다. 컴퓨터에 에러가 생기진 않을까, 프로젝터가 고장 나지는 않을까, 발표 시간에 아이들이 집중하지 못하고 떠들진 않을까, 혹시 비웃기라도 하진 않을까…. 그렇지만 막상 차례가 되어 무대로 나가자 민우는 마음이 차분해지는 것을 느꼈다.

같은 조 아이들을 돌아보니 찬기도 빛나도 예주도 긴장하는 모습은 보이지 않았다. 자전거 타는 것처럼, 자전거를 자주, 많이, 오래 타면 페달을 밟고 있다는 것도 잊을 만큼 자연스럽게 움직이게 된다. 그런 것처럼 청개구리조도 자연스럽게 움직이고 자연스럽게 말했다.

발표는 준비한 대로 진행되었다. 민우는 자리에 앉아서 듣고 있는 다른 친구들과 하나하나 눈을 맞추었다. 평소 친하게 지내던 같은 반 아이들이라 마음이 편했다. 민우와 짝인 승현이는 민우와 눈이 마주칠 때마다 슬쩍 웃어주었는데 그게 무척 힘이 됐다. '잘하고 있어, 그렇게만 하면 돼'라고 응원해주는 느낌이었다.

사회 선생님도 흥미 있는 표정으로 지켜보셨다. 민우는 발표를 왜 '청중과의 대화'라고 하는지 제대로 알게 된 느낌이었다. 듣고 있는 아이들이

미소 짓거나 고개를 끄덕거리거나 하는 작은 반응이 큰 힘이 되었던 것이다. 진지한 표정으로 준비한 슬라이드를 바라보는 모습을 보니 뿌듯함과 책임감이 동시에 느껴졌다. 발표의 보람은 이런 데 있는 것 같았다. 중요하고 의미 있는 이야기를 하고 있다는 자부심, 다른 사람이 내 이야기를 진지하게 들어주는 데서 오는 기쁨. 발표하는 사람과 듣는 사람이 공감하며 작은 변화를 만들어낼 것이라는 확신.

마지막 주자인 빛나의 발표까지 끝나고 화면에 질의-응답 시간임을 알리는 슬라이드가 떴다. 제일 마지막까지 준비했던 순서였다.

"다음은 저희 발표 내용에 대한 질의-응답 시간입니다. 질문 있으신 분은 손을 들어주시기 바랍니다."

민우가 앉아 있는 아이들을 둘러보며 말했다. 잠시 시간을 주었는데도 아무도 손을 들지 않았다. 민우는 조금 당황했다. 청개구리조 아이들도 서로 시선을 교환했다. 그 시선들이 '어떡하지? 그냥 이대로 마치면 되나?'라고 묻고 있었다.

민우도 잠깐 사이에 많은 생각이 스쳐갔다. 그냥 끝내고 인사하고 들어갈까? 더 기다릴까? 아무도 질문하지 않으면 어떻게 할까도 미리 정했어야 하는데. 후회스럽기도 했다. 정말 더 이상 할 수 없을 정도로 꼼꼼하게 준비했다고 생각했지만 역시나 빠뜨린 부분이 있었던 것이다. 다음 발표를 준비할 때는 이런 어색한 침묵이 이어질 경우엔 어떻게 하겠다는 것까지 반드시 준비하겠다는 생각을 했다. 이렇게 또 하나 배우는 것이다.

뒤에서 지켜보던 사회 선생님이 침묵에서 청개구리를 구원해주셨다.

"그냥 편하게 아무 질문이나 해도 돼. 발표 들으면서 궁금했거나 아니면 발표한 내용과는 조금 다른 의견이 있으면 그 얘기를 해도 되고."

다행스럽게도 반장인 승윤이가 손을 들었다.

"조사 내용을 보니 우리 반과 옆 반, 두 개 반을 설문 조사 하고 쓰레기통 관찰을 했는데요. 그걸 우리 학교 전체의 모습이라고 봐도 될까요? 우리 학교는 1학년에서 3학년까지 총 20개 반이 있는데 그중 두 개 반이면 10퍼센트밖에 안 되잖아요?"

이건 예상 질문에 없었던 내용이다. 또 한 번 당황할 수밖에 없었지만 민우는 침착하려 애썼다. 예상하지 못했던 내용의 질문이나 대답을 해줄 수 없는 질문이 나오면 조장인 민우가 답하기로 약속했기 때문에 민우가 앞으로 나섰다.

"네, 질문이 엄청 예리해서 조금 당황했습니다. 승윤이의 의견이 일리가 있다고 생각합니다. 일단 2학년 6개 반 중 두 개 반을 조사했으니 2학년은 대표할 수 있다고 볼 수 있을 것 같습니다. 하지만 승윤이 의견대로 그것을 우리 학교 전체의 모습으로 확대할 수 있을까는 다시 한 번 고민해봐야 할 것 같습니다. 저희가 제시한 해결 방안이 다른 학년에게도 그대로 적용될 수 있을지도 더 고민해봐야 할 내용입니다. 발표 끝나고 선생님과 더 상의해보겠습니다. 질문 감사합니다."

승윤이는 고개를 끄덕이며 앉았다.

바로 다음 질문이 이어졌다.

"솔직히 쓰레기 문제가 심각한 건 알겠는데요. 아까 본 동영상에서도 나왔지만 모든 사람들이 다 잘못한 건데 우리가 노력한다고 얼마나 큰 변화가 있을까요? 기업이나 이런 데서 버리는 게 어마어마하잖아요?"

이건 예상 질문 1번이다. 빛나가 앞으로 나섰다.

"네, 그렇게 생각할 수도 있는데요. 쓰레기 문제도 그렇고 더 나아가 환경 보호 문제도 그렇고 이건 한 사람 한 사람의 작은 걸음이 모아져서 큰 변화를 이루는 것 같아요. 물론 기업이나 어른들도 노력해야겠지만 학교도 작은 규모는 아니잖아요. 우리 학교만 해도 전체 학생이 천 명이 넘으니까요. 누군가는 시작해야 할 일이라면 누구든 먼저 깨닫는 사람들이 시작해야 한다고 생각합니다. 1%의 노력이 하나하나 합쳐져서 결국 100%가 되는 거니까요. 답변이 되셨나요? 질문 감사드립니다."

더 이상의 질문이 없자 민우는 화면에 마지막 슬라이드를 띄웠다.

"이상으로 청개구리조 발표를 마치겠습니다. 감사합니다."

반 친구들의 박수 소리는 어느 때보다도 컸고 선생님의 얼굴에도 큰 미소가 떠올랐다.

발표의 신이 되는
다섯 가지 훈련법

5장

잘 만든 광고카피, 헤드라인을 연구한다

좋은 발표는 핵심 메시지가 기억나는 발표다. 핵심 메시지는 매우 간결하면서도 마음에 와서 콕 박히고, 잘 기억되는 것이어야 한다. 발표에서 핵심 메시지가 잘 만들어지면 그것만으로도 청중의 관심도를 높일 수 있다. 핵심 메시지를 잘 만들려면 평소 잘 만들어진 핵심 메시지를 연구해야 한다.

신문이나 잡지의 헤드라인 문구, 광고의 카피 문구는 대표적인 핵심 메시지다. 사람들은 내용을 샅샅이 보기보다 헤드라인만 보고 넘어가는 경우가 많기 때문에 기획자들은 함축적이면서도 흥미 있는 헤드라인 문구를 만드는 데 많은 에너지를 쏟을 수밖에 없다. 단 한 줄의 헤드라인, 한 줄의 카피를 위해 많은 사람들이 수많은 밤을 새운다.

핵심 메시지를 뽑아내는 법을 훈련하려면 전문가들이 만든 헤드라인과 광고 카피를 연구하고 따라 써보면서 감각을 키워야 한다. 아래와 같이 자신이 자주 가는 포털사이트에서 매일 신문의 헤드라인을 모아 볼 수 있는 방법이 있으니 자신만의 훈련 방법을 찾아보자.

▲ 포털사이트에서 제공하는 신문의 헤드라인 모아보기

아이디어를 수시로 메모한다

과제를 부여 받고, 발표를 준비하는 데에는 짧게는 일주일, 길게는 한 달 정도의 시간이 주어진다. 그 기간 내내 발표 내용과 방법을 고민하고 있노라면 어느 순간 좋은 아이디어가 반짝 스치고 지나갈 때가 있다. 문제는 이것이 스치고 지나간다는 것이다. 아이디어는 순간적으로 나타났다 사라지는 경우가 많다. 그래서 메모를 통해 그 아이디어를 붙잡아두는 것이 중요하다.

TV를 보다가, 책을 보다가 기록해두면 좋을 문구가 있으면 기록해두자. 무엇이든 가슴에 와 닿았을 때 그때그때 메모를 해두면 발표 자료를 기획할 때 좋은 재료로 활용할 수 있다.

반짝이는 아이디어는 책상 앞에 앉아 고민할 때보다 일상생활을 하다가 문득 떠오를 때가 더 많다. 발표를 잘하는 사람들은 메모를 생활화하고, 메모장을 자신의 아이디어 창고로 활용한다는 공통적인 특징이 있다. 역사적으로 유명한 사람들, 에디슨, 링컨, 정약용, 박지원, 이순신 등 수없이 많은 위인들도 메모를 잘하기로 소문난 사람들이다.

메모를 잘하는 방법 다섯 가지를 소개한다.

- 언제 어디서든 생각날 때마다 메모할 수 있도록 준비한다.
- 메모의 내용을 주제 별로 구분해서 필요할 때 바로 꺼내 쓸 수 있도록 한다.
- 정말 중요한 내용은 형광펜을 이용해서 눈에 띄게 한다.
- 주기적으로 메모장을 보면서 오랫동안 가져갈 메모는 별도로 보관한다.

- 나의 아이디어가 아닌 남의 문구를 카피한 경우, 출처를 함께 기록한다.

만약 수첩과 연필로 메모하는 것보다 스마트폰을 이용하는 것이 편하다면 다양한 메모 기능을 가진 앱들을 활용할 수 있다. 아래 그림처럼 스마트폰에서 제공하는 무료 메모 앱이 매우 다양하므로 한 번씩 사용해보면서 나에게 가장 잘 맞는 것을 골라 메모를 생활화해보자.

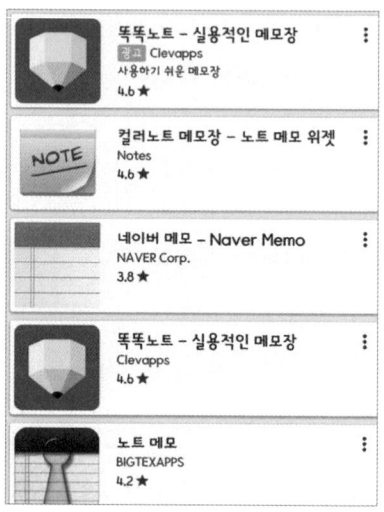
▲ 여러 가지 어플

메모를 작성하는 것뿐만 아니라 사진을 찍고, 사진과 함께 메모를 저장하거나, 음성을 녹음해두는 것도 가능한 앱들이 많이 있다. 이러한 도구를 활용하면 살아 있는 풍성한 자료를 나만의 창고에 잘 보관할 수 있을 것이다. 또한 메모하는 데서 그치지 말고, 일정 기간마다 주기적으로 메모한 내용들을 재정리해서 메모의 활용도를 높여보자.

발표 잘하는 사람들을 관찰하고 따라 한다

발표를 잘하고 싶다면 발표를 잘하는 사람을 열심히 관찰하는 것이 도움이 된다. 내가 보기에 마음이 끌리고, 내용을 잘 전달하는 사람을 나의 발표 멘토로 삼아본다. 그 사람이 이야기하는 방식, 그 사람의 목소리 톤, 제스처 등을 꾸준히 관찰하고 따라 해보자. 어느새 그 멘토가 이야기하는 모습을 닮아가는 나를 발견할 수 있을 것이다.

그렇다면 어디서 발표 잘하는 사람을 찾을 수 있을까? 대표적으로는 전 세계적으로 가장 PT를 잘 하는 사람들의 영상을 볼 수 있는 〈TED〉 사이트가 있다. 이 사이트에서 많은 PT를 듣고 꾸준히 관찰하다가 나의 마음을 사로잡는 발표자를 정해서 여러 번 반복해서 듣는다. 또 국내의 〈세상을 바꾸는 시간 15분〉라는 15분간 PT가 진행되는 방송 프로그램을 보는 것도 좋다. 정해진 시간 내에 스토리를 구조화하여 발표하는 모습을 보는 데 도움이 된다. TV 프로그램 중 진행자가 진행을 매끄럽게 하는 교양 프로그램을 보는 것도 도움이 된다. 나만의 발표 멘토는 누가 될 수 있을까? 한번 찾아보자.

사이트 정보

● **테드(TED, TED.COM)**

테드 코리아: http://www.ted.com/talks?language=ko
이 사이트에서는 한국어로 테드의 PT를 확인할 수 있다. TED란 기술(Technology), 엔터테인먼트(Entertainment), 디자인(Design) 분야를 주제로 프레젠테이션을 개최하는 미국의 비영리 재단이다. 여기서 프레젠테이션을 제공하는 목적은 가치 있는 아이디어를 널리 확산시키는 것이다. TED가 발표를 공부하는 사람들에게 도움이 되는 이유는 세계 최고 수준의 컨퍼런스이면서 인터넷에 무료로 영상 서비스가 제공되기 때문이다. TED는 18분 안에 다른 사람들을 감동시키는 프레젠테이션으로 제한된 시간 발표를 준비하는 우리에게 큰 본보기가 되는 사례를 많이 제공한다.

● **세바시**

http://www.cbs.co.kr/tv/pgm/cbs15min/
<세상을 바꾸는 시간 15분> 역시 무료로 제공되는 질 좋은 프레젠테이션 사이트이다. 이 프로그램은 전문가와 유명인 혹은 시민들이 우리 삶의 흥미롭고, 진정성 있는 생각이나 아이디어를 15분이라는 제한된 시간에 PT 형식으로 진행된다. 한국판 TED라 할 수 있다.

나만의 발표 연장통을 챙겨라

미국의 베스트셀러 작가 스티븐 킹은 『유혹하는 글쓰기』에서 글쓰기에도 연장통이 필요하다는 이야기를 한다. 글을 잘 쓰기 위해서는 목수가 좋은 연장을 통해 튼튼한 집을 짓듯 좋은 낱말과 문장, 어휘력, 문법 등을 차곡차곡 담아놓은 연장통을 평상시에 준비하고 있어야 한다는 내용이다.

발표도 마찬가지다. 발표를 잘하기 위해서는 여러 차례 발표를 경험하면서 자신만의 연장통에 좋은 연장을 구비해놓아야 한다. 오프닝에서 활용할 다양한 주의집중 자료들, 발표 내용을 논리적으로 구성하기 위한 논리틀, 파워포인트에서 활용할 아이콘과 질 좋은 이미지, 평소에 주의 깊게 보아왔던 영상 파일들, 벤치마킹할 만한 핵심 메시지들, 다양한 메모들을 나만의 연장통에 잘 챙겨놓아야 한다. 연장통을 잘 갖춰놓으면 발표를 준비하는 시간을 줄일 수 있고, 발표의 질도 높일 수 있다. 그 연장통은 하루아침에 멋지게 준비되는 것은 아니고, 여러 번의 발표를 경험하면서 하나씩 차곡차곡 쌓아나가는 것이다. 목수에게 연장통이 연장을 보관하는 플라스틱 박스라면, 발표자에게 연장통은 메모장과 컴퓨터에 잘 저장해 놓은 파일들이 아닐까?

평소에 말하기 연습을 꾸준히 한다

말을 잘하려면 노래를 잘하는 것이나 춤을 잘 추는 것처럼 타고난 어떤 것이 있어야 한다고 생각하는 사람들이 많다. 말하는 능력도 타고난 것일까? 물론 타고난 재능이 있다면 조금 노력하고도 남보다 빨리 높은 수준의 말하기 능력을 습득할 수 있을 것이다. 타고난 운동 실력이 있는 사람은 자전거 타기를 빨리 배울 수 있다. 하지만 그렇다고 운동 신경이 부족한 사람이 자전거 타기를 영영 못 하는 게 아니듯, 말하기 능력도 연습과 훈련에 따라 능력치가 달라질 수 있다.

상대방 앞에서 많이 긴장하지 않고, 편안한 상태로 내가 말하고자 하는 내용을 정확하게 전달하려면 편안한 목소리 톤, 정확한 발음, 문장 전달력, 그리고 마인드 컨트롤 능력이 필요하다. 이러한 능력을 높이기 위해서는 꾸준한 연습을 통해 말하기가 익숙해지도록 해야 한다.

먼저 내 목소리 중 상대방이 듣기 좋은 목소리 톤을 찾고, 그 톤으로 책을 읽거나 신문 기사를 소리 내서 읽어본다. 이때 앞에 청중이 있다고 생각하고, 딱딱한 문장들을 구어체로 바꿔가며 이야기하듯 읽는 것이 중요하다. 시간이 날 때마다, 혼자 있을 때, 이렇게 반복적으로 연습을 하다 보면 어느새 이야기하는 것이 익숙해지면서 남들 앞에서 이야기할 때 나만의 패턴을 가질 수 있게 된다. 반복적으로 훈련하고 연습하다 보면 청중 앞에 설 때 생기는 두려운 마음도 처음보다 훨씬 작아진다. 청중과 편안하게 눈도 마주치게 되고, 표정이나 제스처도 자연스러워질 것이다.

이때 마인드 컨트롤을 더 잘하고 싶다면 연습 단계에서 청중 앞에 서서 편안하고 당당하게 이야기하는 나의 모습을 구체적으로 상상해보기 바란다. 나는 어떤 모습으로 서 있는가? 어떤 손동작과 표정으로 상대방을 바라보고 있는가? 또 상대는 나를 어떤 눈빛으로 바라보고 있는가? 내가 원하는 모습을 구체적으로 그려가며 발표하는 모습을 떠올려보면 한결 마음이 편안하고, 자신감이 올라간다. 구체적이고 생생한 상상과 꾸준한 연습이 우리를 멋진 발표자로 만들어줄 것이다.

그 후의 이야기 "고맙습니다, 발표의 신!"

발표가 끝나고도 청개구리조 아이들은 종일 조금은 들뜬 마음이었다. "청개구리조의 발표 영상은 발표 수업 교재로 써도 되겠다"는 사회 선생님의 칭찬 때문이기도 했고 매 평가 항목마다 최고의 점수를 받은 이유도 있지만 왠지 모르게 '뭔가 해낸' 뿌듯함이 큰 탓이다. 혼자 열심히 공부해서 좋은 성적을 받은 것과는 다른 종류의 뿌듯함이었다. 여럿이 합심해서 팀 과제를 잘 해내고 나니 반 대항 축구 경기를 이겼을 때 느꼈던 그런 가슴 벅참이 있었다.

전에는 말 한마디 제대로 나눠보지 않았던 빛나나 예주도 이제는 어렸을 때부터 알던 친구 같은 느낌이었다. 과제 때문에 모인 조지만 그냥 헤어지기는 아쉬웠다.

"해단식 해야지? 청개구리조 해단식."

"좋아, 그 분식집에서?"

"당연하지!"

학교가 끝나자마자 분식집으로 달렸다. 생각해보니 이제까지 아저씨에게 고맙다는 말도 못 한 것 같다. 준비하다가 막힐 때마다, 앞이 안 보일 때마다, 위기에 빠질 때마다 청하지 않았는데도 나서서 도와준 아저씨. 새삼스레 아저씨의 정체가 궁금해졌다. 대체 뭐 하는 사람일까? 분식집 주인인 건 알겠지만 발표의 전 과정에 대해 그렇게 잘 알고 있다니 분식집을 하기 전에는 어떤 일을 했던 사람일까? '발표'를 직업으로 삼았던 사람일까? 오늘은 발표 준비 때문에 가는 것이 아니라 실컷 먹고 놀기 위해 분식집에 가는 것이니 궁금했던 것도 다 물어보면 되겠지 싶었다.

숨이 턱에 차도록 분식집까지 달려가 문을 벌컥 열었다. 그런데 매번 손님이 아무도 없던 분식집에 웬일인지 정장 차림의 어른들이 들어차 있었다. 이런 시간에 어른들이 학교 근처 분식집이라니. 게다가 무얼 먹으러 온 것 같지도 않았다. 어른들도 회의를 하는 듯 테이블에는 여러 자료들이 잔뜩 흩어져 있었다. 안에 어른들이 많아서 그런지 선뜻 들어가기가 망설여졌다.

아이들이 문간에서 멈칫거리고 있을 때 안쪽에 있던 주인아저씨가 민우네 조 아이들이 온 것을 알아챘다. 아저씨가 손뼉을 짝짝 쳤다.

"자, 이제 모두들 자리를 비켜줘. 진짜 손님들이 오셨으니까."

자료를 들여다보던 어른들이 한마디씩 했다.

"아, 팀장님, 너무해요. 아직 안 끝났는데."

"이번 프레젠테이션은 정말 중요하다고요."

"아이 참, 수정본 한 번만 더 봐주시지."

분식집 아저씨를 팀장님이라고 부르는 이 어른들은 누굴까? 어른들은 주섬주섬 자료를 챙기며 자리에서 일어났다. 그중 한 남자가 민우에게 말을 걸었다. 전에 분식집 앞에서 마주친 그 남자 같았다.

"너희가 청개구리조니?"

민우는 눈을 크게 뜨고 고개를 끄덕였다. 누군데 우리를 알고 있을까?

"팀장님이 너희들 칭찬을 많이 하시더라. 역시 아이들이라 머리가 말랑말랑해서 뭐든 쏙쏙 흡수를 잘한다나? 우리보다 훨씬 낫대."

그 곁의 다른 아줌마가 웃으며 말했다.

"덕분에 우리가 찬밥 됐어. 우리도 팀장님한테 아직 많이 배워야 하는데 말이야!"

민우는 얼떨떨해졌다.

"네에… 그런데 팀장님이라뇨? 우린 그냥 분식집 아저씨인 줄 알았는데요?"

어른들 사이에서 작은 웃음이 일었다.

"분식집 아저씨 맞아. 그렇지만 우리끼리는 '피티신'이라고 불러."

"피티신이요?"

"프레젠테이션 신. 발표의 신이라는 뜻이야. 우리 팀장님처럼 발표를 완벽하게 구성하고 실현해내는 사람은 본 적이 없거든. 그래서 회사를 그만둔 지금까지도 우리가 계속 도움을 받으러 찾아 다니는 거고."

주인아저씨가 다가왔다.

"자자, 쓸데없는 소리들 하지 말고 어서어서 비켜줘. 우리 애들 배고파."

역시 아저씨는 우리를 잘 안다. 긴장해서인지 점심시간에는 밥맛도 없다가 막상 발표가 끝나고 나니 무지막지한 허기가 몰려왔던 것이다.

어른들이 다 돌아가고 청개구리조 아이들은 분식집에 남아 있는 모든 음식을 몽땅 먹어치우다시피 하며 뒤풀이를 했다. 마치 무용담을 얘기하듯 발표 준비 때 힘들었던 이야기, 발표할 때 반 친구들의 반응, 질의-응답 시간에 당황했던 이야기 등을 끝없이 풀어놓았다. 지나고 나니 힘들었던 일도 즐겁게 느껴졌다. 우리 발표가 사회 선생님께 최고 점수를 받았다고 하니 아저씨도 함박웃음을 지었다.

찬기가 물었다.

"아저씨, 예전에는 뭐 하셨어요? 큰 회사 다니는 사람이었죠? 왜 그만두셨어요? 혹시 잘리셨어요?"

아저씨는 빙그레 웃기만 했다. 빛나가 찬기를 타박했다.

"야, 무슨 말을 그렇게 하냐? 아저씨 실력은 우리가 다 아는데. 아저씨가 도와주셨으니까 우리가 이만큼 한 거야."

민우도 궁금하던 것을 물었다.

"그런데요, 저희들 왜 그렇게 열심히 도와주셨어요?"

아저씨가 웃으며 대답했다.

"그야, 내가 분식집 주인이니까."

"네?"

"너희들이 발표 준비 첫 모임을 여기서 했잖아. 앞으로 계속 모여야 할 텐데, 내가 조금만 도와주면 계속 여기 올 것 같더라고. 안 그래도 장사가 안돼서 걱정하던 참이었거든."

찬기가 소리쳤다.

"그럼 단골 만드느라고 그런 거라고요?"

"응, 그러니까 너희가 소문 좀 잘 내줘."

"에이, 난 그것도 모르고 엄청 고마워할 뻔했네."

찬기의 말에 모두들 웃음이 터졌다. 아저씨도 큰 소리로 웃었다. 말은 그렇게 했지만 민우도 찬기도 다른 아이들도 아저씨에게 '엄청' 고마워하는 마음은 다 같았다.

아저씨가 예전에는 어떤 직장을 다녔는지 알 수 없지만 아저씨는 분명 발표 전문가, '발표의 신'이었을 거다. 수없이 많은 발표를 준비하고 진행했던 경험이 있는 사람이었을 것이다. 아저씨는 발표를 잘하기 위한 노력을 평소에도 게을리하지 않는 사람이었을 것이다. 그리고 자신이 가진 그 모든 노하우를 아낌없이 다른 사람에게 가르쳐주고 전해주는 그런 사람인 것이다.

아저씨에게 보답하는 의미에서 민우는 아저씨처럼 하기로 결심했다. 앞으로 더 많은 발표를 해보고 더 열심히 준비하고 더 많은 노력을 기울이겠다고 마음먹었다. 그리고 자신이 알게 된 것들을 아낌없이 다른 친구들에게도 나누어주리라고 생각했다. 그것이 아저씨에게 고마움을 전하는 가장 좋은 방법일 테니까!

에필로그 · 말솜씨가 아니라 진심과 전문성이다

누군가 묻는다.

"발표를 잘하기 위해 가장 중요한 것은 무엇입니까? 다 중요하지만 그중에서도 제일 중요한 것 딱 한 가지만 꼽는다면?"

나의 대답은 이것이다.

"자신이 발표하는 내용에 관한 한 전문가가 되는 것."

지금까지 발표에 관하여 많은 이야기를 했다. 발표의 논리적 구조, 멋진 슬라이드 제작, 이야기하듯 편안한 발표. 모두 중요하지만 그것들을 잘해내기 위해서는 기본적으로 발표 내용을 잘 알고 있어야 한다. 자료 조사를 제대로 하고 충분히 학습하고 익혀서 "내가 발표하는 내용에 대해서는 내가 전문가다"라는 말을 할 수 있어야 한다.

15분 발표를 위해 30장의 슬라이드를 제작했다고 하자. 그 슬라이드는 내가 알고 있는 것을 최대한 압축해서 중요한 정보만을 선별한 것이다. 그 30장의 발표 자료가 나오기까지 우리는 무수히 많은 자료를 찾고 공부하고 분석하고 정리했다. 그렇게 만들어진 자료에는 신뢰가 담긴다. 나도 나의 발표 자료를 믿고 듣는 사람도 나의 발표를 믿는다.

자신이 발표하는 내용에 대해 전문가가 되면 준비하지 않은 질의나 갑작스런 요청에도 얼마든지 대응할 수 있다. 또 내 발표를 듣는 사람들에게 내가 무언가 의미 있는 것을 전해준다는 당당함이 있다. 청중은 발표자의 말솜씨를 평가하러 온 사람들이 아니다. 시간을 내어 발표를 들으러 왔다면 무엇이라도 얻어가게 되기를 원한다.

내가 말하는 것을 내가 확실히 알고 있다는 자신감, 내가 발표하는 내용은 내가 전문가라는 확신이 나를 당당하게 만든다. 긴장하지 않고, 떨지 않고, 더듬거리거나 헤매지 않고, 자신감 있게 진심이 담긴 발표를 하고 싶다면? 준비하고 또 준비해라. 그래서 발표하는 내용의 전문가가 돼라. 그것이 나를 발표의 신으로 거듭나게 만들어줄 것이다.

☆ 민우네 발표 자료와 대본

발표 슬라이드	대본
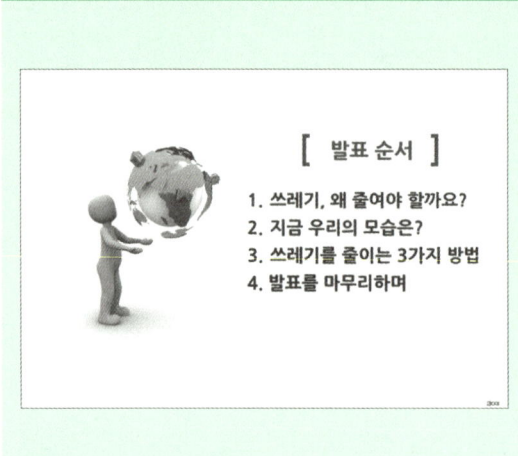 **# 1.** 이미지 출처 : https://pixabay.com/ 무료로 제공된 이미지(청개구리로 검색) 제목 폰트: 나눔고딕 ExtraBold 40	안녕하세요? 저희는 청개구리조 홍민우, 김찬기, 강빛나, 이예주입니다. 지금부터 "우리 학교, 쓰레기 50%다운, 재활용 50%업"이라는 제목으로 발표를 진행하겠습니다. 저희 발표 주제는 환경을 개선하기 위해 우리가 실천할 수 있는 방법으로 우리 학교의 버리는 쓰레기를 줄이고, 재활용률을 높이는 것에 대해 이야기하고자 합니다.
# 2. 이미지 출처 : https://pixabay.com/ 무료로 제공된 이미지(검색어: Recycling) 목차 폰트: 나눔고딕 ExtraBold 28	발표 순서는 환경 개선의 방법으로 왜 쓰레기를 줄이는 것을 주제로 잡았는지 그 배경을 먼저 이야기하겠습니다. 이 부분은 제가 계속 발표를 진행하구요. 이어서 과연 우리 학교는 현재 쓰레기 문제와 관련해서 어떤 모습인지에 대해 김찬기가 진행하겠습니다. 다음으로는 우리 학교 쓰레기를 줄이기 위한 방법을 이예주가, 마지막으로 발표를 마무리하는 부분은 강빛나가 진행하겠습니다.

그럼, 먼저 우리가 쓰레기를 왜 줄여야 하는지 그 이유를 살펴볼까요?

3.
이미지 출처 : https://pixabay.com/ 무료로 제공된 이미지(검색어: 청개구리)
폰트: 나눔고딕 ExtraBold 32

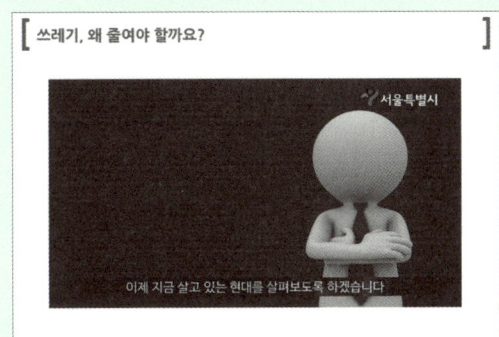

쓰레기 문제가 심각하다 심각하다 하는데, 정말 그렇게 심각한 걸까요? 잠시 영상을 보시겠습니다.

4.
영상출처: https://www.youtube.com/watch?v=RIva_v5RWxM
[쓰레기 대역사] "쓰레기에도 역사가 있다." 설민석 선생님과 함께하는 생활쓰레기 줄이기!](07:57~08:56)

영상에서 보신 것처럼 우리가 버리는 쓰레기의 양을 줄여야 하는 이유 그 첫 번째는 생태계 파괴로 우리의 삶이 위협 받기 때문이고, 두 번째는 더 이상 배출되는 쓰레기를 비좁은 우리나라에 묻을 곳이 없기 때문입니다. 우리나라의 쓰레기 매립률이 독일의 30배가 넘는다고 하니 우리나라면적이 좁은 걸 생각하면 정말 높은 수치라 할 수 있습니다.

5.
이미지 출처 : https://pixabay.com/ 무료로 제공된 이미지(검색어: 가뭄, 홍수)
참고 자료 1) 2014년 6월 16일 경향신문 기사
        http://news.khan.co.kr/kh_news/khan_art_view.html?artid=201406161936065&code=960801
    2) 2014년 7월 4일 조선일보 기사
        http://news.chosun.com/site/data/html_dir/2014/07/04/2014070400133.html

이러한 쓰레기 문제의 심각성을 느끼고 우리 사회는 쓰레기 문제 해결을 위해 많은 노력을 기울이고 있는데요. 그 활동을 크게 리사이클링과 업사이클링으로 나눠볼 수 있습니다.

리사이클링은 분리수거, 음식물 쓰레기 줄이기, 종량제 봉투 사용하기 등 우리에게 낯익은 활동입니다.

하지만 업사이클링은 좀 생소할 수 있는데요. 업사이클링은 리사이클링에서 한 단계 더 나아가서 쓰레기를 새로운 물건으로 탄생시키는 활동입니다.

예를 들어서 청바지로 컵홀더를 만들거나 커피 찌꺼기로 신기술을 적용해서 플라스틱을 만들거나

또 플라스틱에서 섬유를 뽑아 옷을 만드는 것과 같은 활동입니다.

이렇게 리사이클링과 업사이클링을 통해 쓰레기로 인한 환경 오염을 예방하고자 하는 겁니다.

6.
이미지 출처 1) http://ecois.or.kr/news/sub/sub0501_view.php?idx=81(환경부 포스터)
    2) http://www.schooleic.org(학교환경개선지원센터 홈페이지)
    3) http://ecois.or.kr/news/sub/sub0501_list.php?sub_cate=010
    4) http://view.asiae.co.kr/news/view.htm?idxno=2015060411012759683(2015년 6월 4일 아시아 경제 기사)
    5) http://blog.naver.com/kipracafe/220521216873(지식재산보호원 블로그)
    6) http://blog.naver.com/greenstartkr/90195819515(한국기후환경네트워크 블로그)

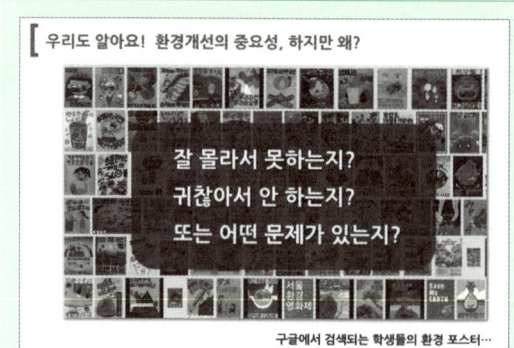

사실, 우리도 환경 개선의 중요성에 대해서 모르는 건 아닙니다. 이미 수업시간에도 배웠고, 또 그동안 초등학교 중학교에서도 포스터 그리기나 글짓기 등을 해왔습니다.
하지만 실천은 어떤가요?
저희는 쓰레기와 관련해서 우리는 어떤 모습으로 실천하고 있는지 살펴보고자 합니다.

7.
이미지 출처: 구글에서 환경 포스터로 검색한 이미지

(민우 들어가고, 찬기 나옴)
지금부터 현재의 우리의 모습은 어떤지 김찬기가 발표하겠습니다.

네, 제가 이어서 발표를 진행하겠습니다.

8.
이미지 출처: https://pixabay.com/ 무료로 제공된 이미지(검색어: 청개구리)
폰트: 나눔고딕 ExtraBold 32

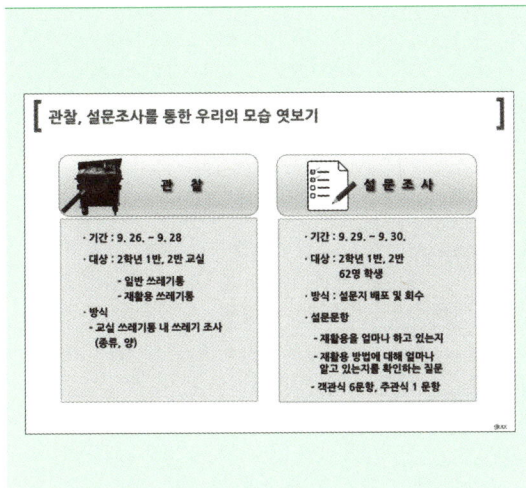

저희 조는 우리 학교 쓰레기 배출의 현재 모습이 어떤지 살펴보기 위해 2학년 1반과 2반의 쓰레기통을 관찰하면서 종량제 봉투에 버려지는 쓰레기에 재활용 쓰레기는 없는지, 또 재활용 쓰레기는 제대로 분리되고 있는지를 살펴 보았습니다.
그리고, 2개 반 동일하게 62명의 학생을 대상으로 재활용에 대한 설문조사를 함께 행하였습니다. 설문조사를 통해서 우리가 재활용에 얼마나 적극적으로 동참하고 있는지, 그리고 재활용 방법을 정확하게 알고 있는지를 살펴보았습니다.

9.
이미지 출처: https://pixabay.com/ 무료로 제공된 이미지(검색어: 쓰레기, 돋보기, 체크)

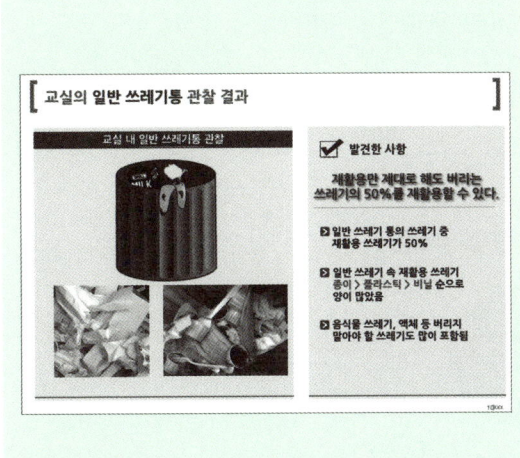

먼저 교실 내 일반 쓰레기통을 관찰한 결과를 살펴보면요.
종량제 봉투에 버리는 일반 쓰레기의 반이 재활용 쓰레기였습니다.
좀 놀라웠는데요.
잘못 버리고 있는 쓰레기의 가장 많은 양은 종이였고, 그 다음은 플라스틱, 비닐이었습니다.
또 사진에서 보시는 것처럼 따로 분리해야 하는 음식물 쓰레기도 포함되어 있었습니다.
사실 저 역시 쓰레기 버리는 것에 대해 그다지 신경을 쓰지 않았는데 막상 이렇게 쓰레기 봉투를 조사해 보면서 스스로 좀 창피하다는 생각을 했습니다.

10.
이미지 출처: https://pixabay.com/ 무료로 제공된 이미지 (검색어: 쓰레기)

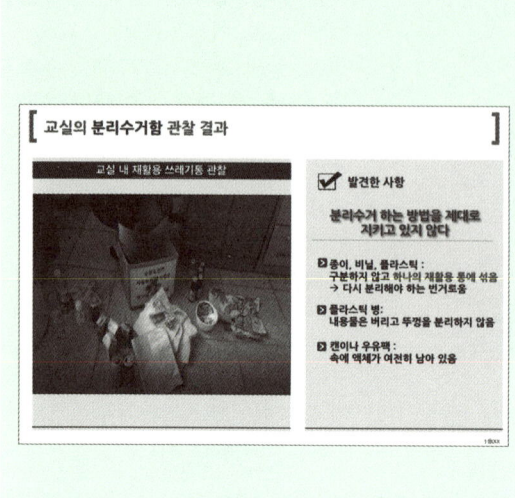

그렇다면 재활용 쓰레기 통의 상황은 어떨까요?
재활용 쓰레기 통의 상황도 만만치 않게 심각했습니다.
일단 재활용 쓰레기 통이 하나로, 여기에 모든 쓰레기를 다 버리는 상황인 데다가 플라스틱병 안에 여전히 액체가 들어 있고, 우유팩 속에도 상한 우유가 들어 있는 등 올바른 방법으로 쓰레기를 버리지 않는 경우가 많았습니다.
이런 식으로 한다면 우리가 분리수거를 한다고 해도 제대로 재활용이 되지 않을 수 있습니다.
이렇게 버려지는 쓰레기들은 세균이 득실거려서 다시 재활용하기 힘들기 때문입니다.

11.
이미지 출처: http://cafe.naver.com/hongboclan/3485(효양고등학교 환경동아리 사이트 영상 캡처)

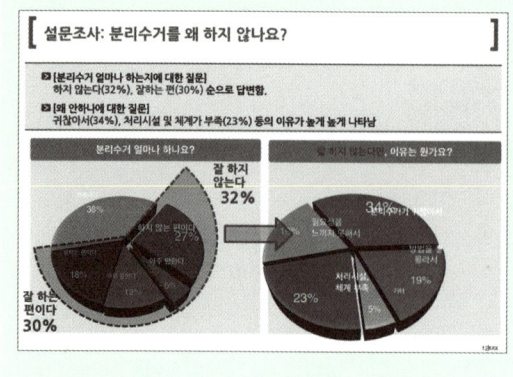

이번엔 설문조사 결과 중 중요한 몇 개 문항을 살펴보겠습니다.
먼저 분리수거에 얼마나 참여하는지 그 정도에 대해 물어보았는데요.
이에 대해 잘하지 않는다 32%, 잘한다 30% 순으로 나타났습니다. 잘하지 않는다 32%로 답변한 사람들에게 왜 하지 않는지 그 이유에 대해 질문했는데요.
34%가 귀찮아서, 23%는 처리시설이나 체계가 부족해서로 답변을 했습니다.

12.
그래프 작업 방법은 부록2에서 별도로 제공함

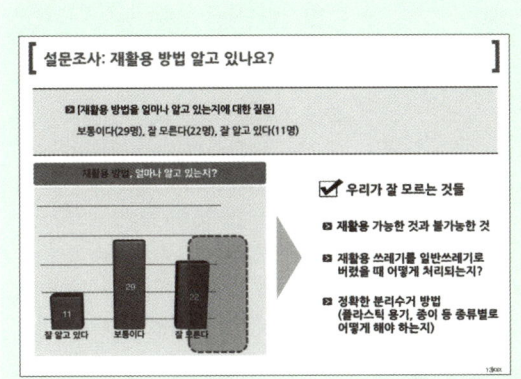

또 재활용 방법에 대해서 알고 있는 정도로는 잘 알고 있다 11명, 보통이다 29명이었고, 잘 모르는 학생이 22명이었습니다.
우리가 재활용하는 방법을 막연하게 알고 있다고 생각했지만 실제로 잘 모르는 학생이 22명으로 생각보다 많았습니다.
잘 모르는 것들에는 재활용 가능한 것과 불가능한 것을 구분하는 것
또 재활용 쓰레기의 정확한 분리수거 방법 등이었습니다.

13.

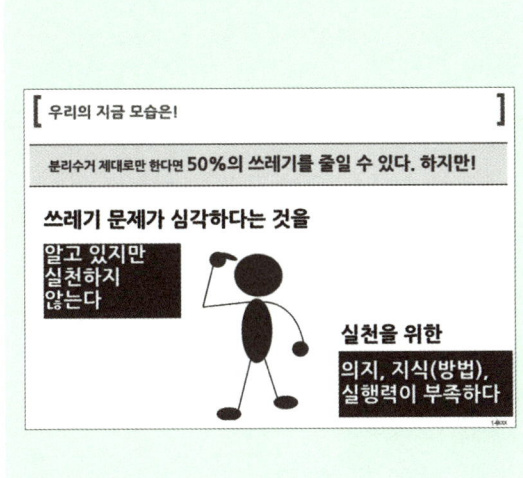

네, 이렇게 교실의 쓰레기 분리수거 현황을 관찰하고, 또 학생들에게 설문조사를 해본 결과 분리수거만 제대로 해도 종량제 쓰레기 봉투에 버리는 일반쓰레기의 양을 50% 줄일 수 있다는 것을 알 수 있었습니다.
우리가 예상했던 것보다 더 많은 양의 버리는 쓰레기를 줄일 수 있다는 것을 알고 저희 조는 모두 놀랐습니다.
하지만, 정작 우리는 쓰레기 문제가 심각하다는 것을 알고 있음에도 32%의 학생이 실천하지 않는다고 답변하고 있는 것처럼 실천을 제대로 하고 있지 못합니다.
또 그 필요성이나 방법에 대해서도 정확하게 인식하고 있지 않다는 것을 알 수 있었습니다.

14.

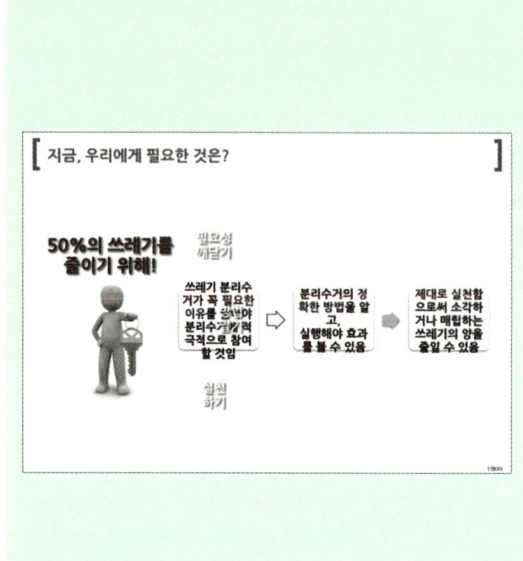

그렇다면, 지금 우리 학교 학생들에게 필요한 것은 무엇일까요?
노력만 한다면 50%의 버리는 쓰레기를 줄일 수 있는데, 이를 위해서는 적극적인 분리수거 참여가 필요합니다.
첫 번째로 우리에게 필요한 것은 필요성을 깨닫는 것입니다.
우리가 왜 쓰레기를 분리수거 해야 하는지 그 필요성을 알아야 분리수거에 적극적으로 참여할 것이기 때문입니다.
그다음으로 분리수거의 방법을 정확하게 알아야 합니다.
정확한 방법을 알아야 제대로 실천할 수 있기 때문입니다.
마지막으로 방법을 알았다면 이제, 가장 중요한 실천하기입니다.

지금까지 제가 우리 학교의 쓰레기 분리수거의 현재 모습을 조사 결과를 기반으로 이야기했는데요.
이제 다음에는 이예주가 쓰레기를 줄이기 위한 방법에 대해 발표하겠습니다.

15.
이미지 출처: https://pixabay.com/ 무료로 제공된 이미지(검색어: key)
도식화 방법: 스마트 아트 → 목록형 → 세로곡선 목록형으로 정리

(찬기 나가고, 예주가 나와서 인사한다.)
안녕하세요? 이예주입니다.
앞서 우리의 모습에 대해 살펴보았는데요.
그렇다면 이제 우리 학교 쓰레기를 줄이기 위한 3가지 방법을 살펴보겠습니다.

16.
이미지 출처 : https://pixabay.com/ 무료로 제공된 이미지 (검색어: 청개구리)

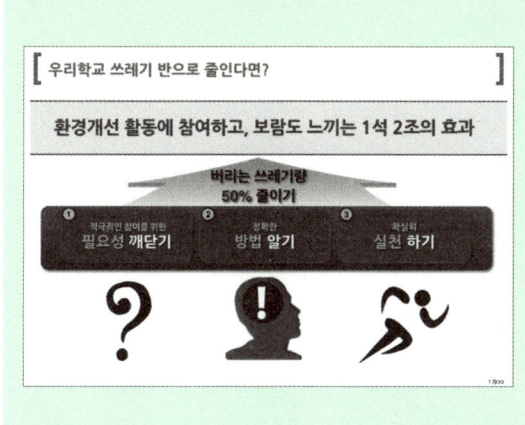

구체적인 방법을 살펴보기 전에 우리의 이런 노력들을 통해 우리가 얻게 되는 것은 무엇인지 잠깐 생각해보겠습니다.
우리가 스스로 실천함으로써 기존에 버리는 쓰레기의 반을 재활용 쓰레기로 전환한다면 우리 스스로 환경 개선 활동에 참여하면서 보람도 느끼게 될 것입니다.
환경도 개선하고 스스로 뿌듯한 보람도 느끼고!
자, 그럼 이를 위해 우리가 실천할 3가지를 하나씩 살펴볼까요?

17.
이미지 출처: https://pixabay.com/ 무료로 제공된 이미지(검색어: 물음표, 느낌표, 실행)

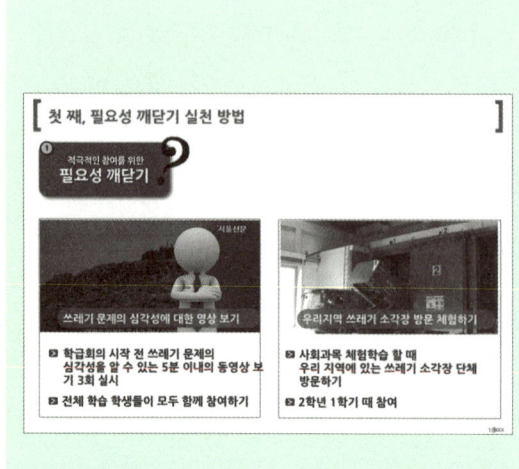

첫 번째 우리 모두가 적극적으로 참여하기 위해 필요성을 깨닫기 위해서는 먼저 쓰레기 문제가 얼마나 심각한지 알아야 합니다.

이를 위해 우리는 먼저 학급회의 시작 전에 쓰레기 문제의 심각성을 확인할 수 있는 5분 이내의 짧은 영상을 3회 정도 시청하면 좋겠습니다.

그리고, 사회과목 체험학습 때 우리 지역 내에 있는 쓰레기 소각장에 함께 방문해서 그 심각성을 몸소 체험해보는 것입니다.

이렇게 스스로 변화해야겠구나 하는 필요성을 느끼면 실천도 훨씬 강력해질 것입니다.

18.
동영상출처 : https://www.youtube.com/watch?v=RIva_v5RWxM
　　　　　[쓰레기 대역사] 쓰레기에도 역사가 있다. 설민석 선생님과 함께하는 생활쓰레기 줄이기!
이미지출처 : http://www.ytn.co.kr/_ln/0103_201401131829206647 2014년 1월 13일 YTN 뉴스 화면 캡처

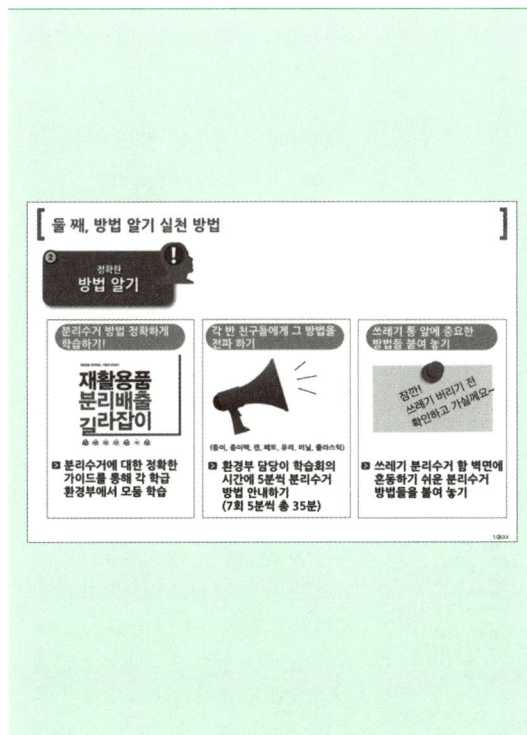

두 번째는 정확한 쓰레기 분리수거에 대한 방법을 아는 것입니다.
정확하게 알아야 제대로 실천할 수 있기 때문인데요.
우리 학교 학생들이 쓰레기 버리는 방법을 제대로 알기 위해 저희가 세워본 계획은 3가지로 나눠볼 수 있습니다.
먼저 각 반에 환경부 담당자들이 재활용품 분리배출에 대해 정확하게 모둠 학습을 합니다.
그다음 각자 자기반 친구들에게 종이, 종이팩, 캔, 페트병, 유리, 비닐, 플라스틱 종류별로 5분씩 7번에 걸쳐서 분리수거 방법을 정확하게 알려줍니다.
그리고, 마지막으로 쓰레기 분리수거함 벽면에도 우리가 헷갈리기 쉬운 방법을 붙여 놓아서 쓰레기 버릴 때마다 볼 수 있도록 합니다.
이렇게 하면 우리 모두 방법을 몰라서 분리수거를 못 하는 일은 없겠죠.

19.
이미지출처 1) 서울시청 홈페이지에서 제공하는 분리수거 가이드 표지 이미지
2) https://pixabay.com/ 무료로 제공된 이미지 (검색어: 확성기, 메모장)

이제 마지막으로 우리가 할 일은 확실하게 실천하는 것입니다.
우리의 실천력을 높이기 위해서는 무엇보다도 각 교실에 분리수거함이 제대로 설치되어야 하는데요.
공간도 덜 차지하고, 돈도 많이 들이지 않으면서 할 수 있는 방법은 벽면에 옷걸이 같은 것을 붙이고, 거기에 각 재활용 쓰레기를 담는 큰 비닐을 걸어두는 것입니다.
그럼 공간도 별로 차지하지 않고, 종류 별로 버릴 수 있도록 할 수 있습니다.
실제로 분리수거를 잘하고 있는 학교 중에서 이렇게 분리수거함을 설치한 경우를 볼 수 있었습니다.
그리고, 각 반의 청소 담당자가 매일 분리수거함을 관리해서 그날 그날 잘못 분리된 것을 추려내면 시간을 많이 들이지 않고, 분리수거함을 관리할 수 있습니다.
이렇게 분리수거를 철저하게 하면서 종량제 봉투에 버리는 쓰레기의 양을 다시 측정해보면 분명히 저희가 예측한 대로 기존에 버린 쓰레기의 양보다 훨씬 적은 쓰레기가 배출될 건데요.
이때 그 양을 측정해서 기존보다 50% 줄어든 경우 각 반에 그린교실 인정 스티커를 붙여주는 겁니다.

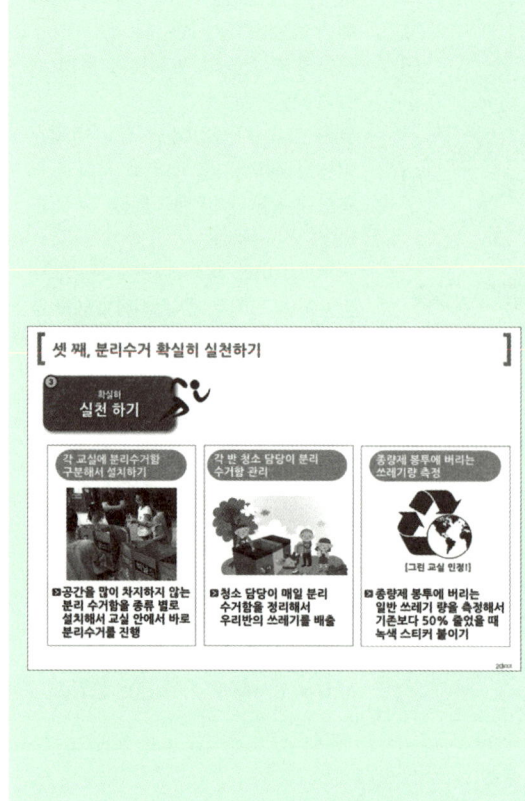

20.
이미지출처 : 1) http://blog.daum.net/bondking/5
　　　　　　2) http://achimjuice.tistory.com/entry/자연보호와-환경을-지키는-직장인-TIP-소개
　　　　　　3) https://pixabay.com/ 무료로 제공된 이미지 (검색어: Recycling)

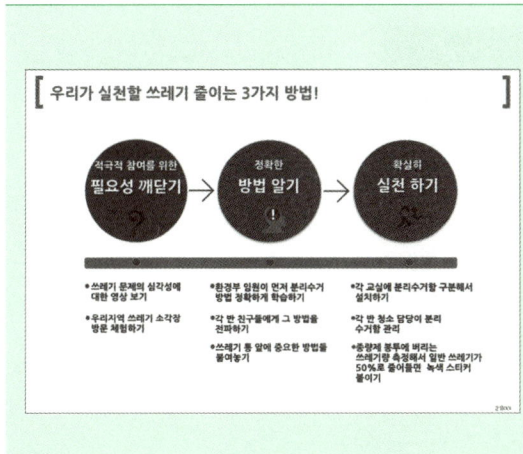

지금까지 우리가 실천할 쓰레기 줄이는 3가지 방법, 다시 말해서 분리수거를 잘해서 재활용률을 높이는 방법에 대해서 이야기 했는데요.
기억하시나요?
첫 번째로는 적극적인 참여를 위해 필요성을 깨달을 수 있는 방법을, 두 번째로는 정확한 방법을 알기 위한 실천사항을 그리고 마지막으로 확실하게 실천하기 위한 방법을 이야기 했습니다.
그럼, 이제 저희의 발표를 강빛나가 마무리하겠습니다.

21.

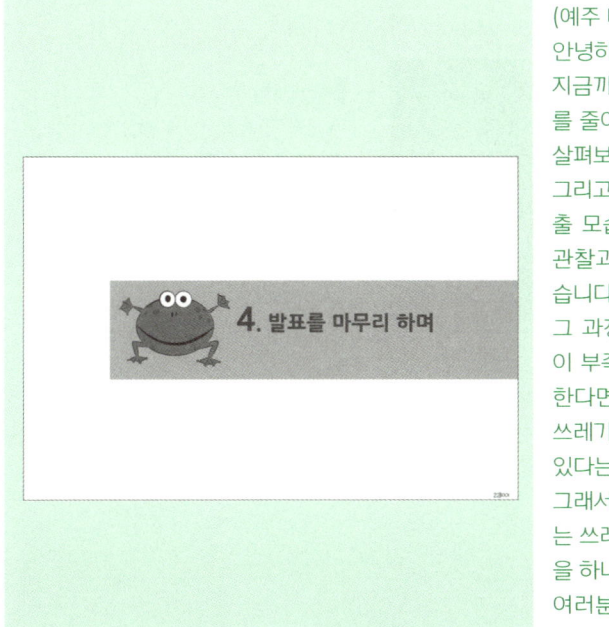

(예주 나가고 빛나 들어온다.)
안녕하세요? 강 빛나입니다.
지금까지 우리는 우리가 왜 쓰레기를 줄여야만 하는지, 그 이유를 먼저 살펴보았습니다.
그리고 우리 학교의 현재 쓰레기 배출 모습은 어떤지 교실의 쓰레기통 관찰과 설문조사를 통해 살펴보았습니다.
그 과정에서 우리는 우리의 실천력이 부족한 상태이고, 우리가 노력만 한다면 현재 종량제 봉투에 버리는 쓰레기의 반을 우리 스스로 줄일 수 있다는 것을 알게 되었습니다.
그래서 재활용 비율을 높이고, 버리는 쓰레기를 줄이기 위한 3가지 방법을 하나씩 살펴 보았는데요.
여러분은 저희 발표를 들으시면서 어떤 생각을 하게 되셨나요?

22.
이미지 출처 : https://pixabay.com/ 무료로 제공된 이미지 (검색어: 청개구리)

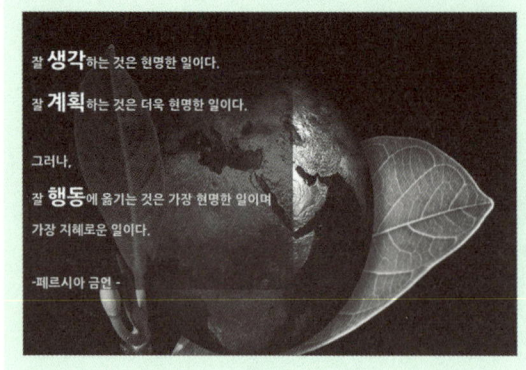
발표를 마무리하면서 저는 페르시아 금언을 함께 공유하고자 합니다.
"잘 생각하는 것은 현명한 일이다. 잘 계획하는 것은 더욱 현명한 일이다. 그러나 잘 행동에 옮기는 것은 가장 현명한 일이며 가장 지혜로운 일이다."
역시 우리가 아는 것을 행동으로 옮겨 실천하는 것이 가장 중요하겠죠?

23.
이미지 출처 : https://pixabay.com/ 무료로 제공된 이미지(검색어: 지구)

마지막으로 환경부에서 제공하는 공익광고 영상 중 일부를 잠깐 보시겠습니다.

(영상 시청 후)
지금까지 저희 조가 발표한 내용을 정리한다면 우리는 분리수거를 통해 환경 오염을 줄이고 자원을 재활용 할 수 있습니다.
그리고, 우리가 생각하는 것보다 훨씬 많은 물건들이 쓰레기로부터 만들어지고, 그래서 재활용은 새로운 자원을 창조하는 시작이라고 할 수 있습니다.

24.
영상 출처 : https://www.youtube.com/watch?v=ELTbvTLmnCU
환경부 공익광고 영상 (0:00 ~01:30)

여기까지 저희의 발표를 마치고 질의-응답 시간을 갖겠습니다.
질문 있으신 분은 질문해주세요.

(질의-응답 시간 갖고)

25.

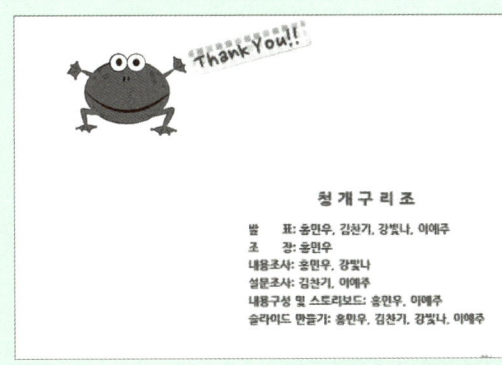

다 같이 4명이 나와서 인사한다.

민우: 저희 발표를 끝까지 들어주시고, 질문도 해주셔서 고맙습니다. 차렷, 인사!

26.

✫ 그래프 만들기 과정

1. 엑셀을 통해 데이터에 해당하는 부분을 작성한다.

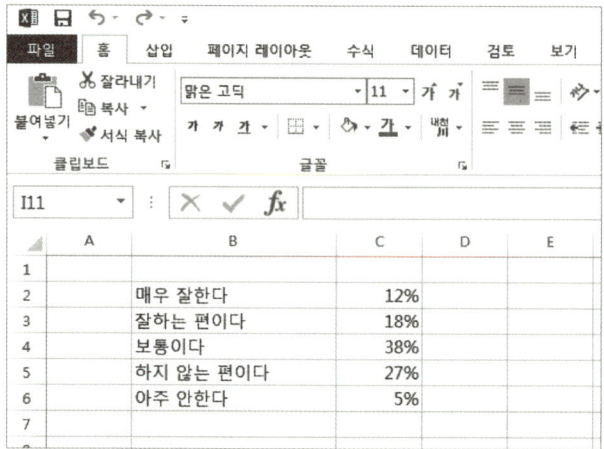

2. 엑셀의 차트 만들기 기능을 이용한다.
[삽입 탭]-[차트]-[차트만들기]

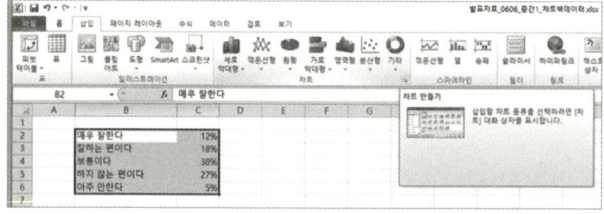

3. 차트의 종류 선택
"3차원 쪼개진 원형" 차트 선택

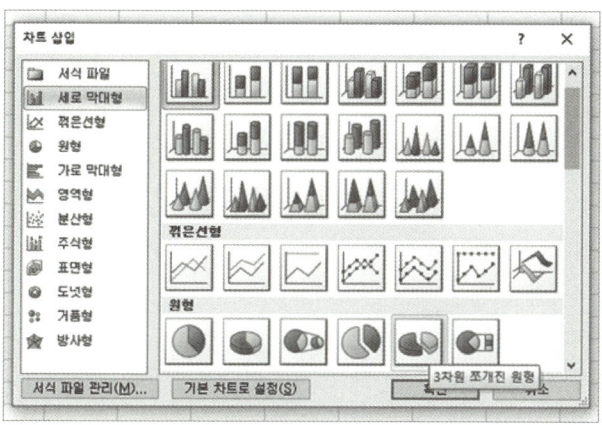

4. 차트의 스타일을 정한다.
[디자인 탭]-[차트스타일]-[스타일42] 선택

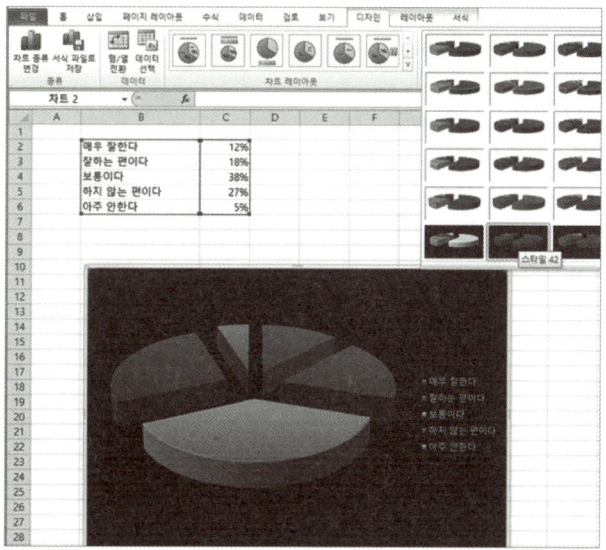

5. 차트의 세부 사양을 조절한다.

5.1 기존 장표와 어울리기 좋게 바탕색 채우기를 "채우기 없음"으로 설정하여 투명하게 변경 (차트를 선택하고 퀵메뉴의 "차트영역 서식…" 메뉴 선택)

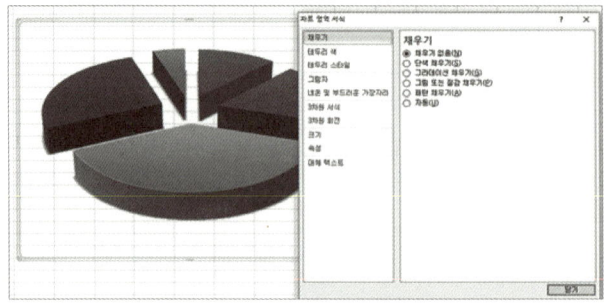

5.2 "데이터 레이블 추가" 메뉴 선택을 통해 데이터 수치를 차트 내 표시

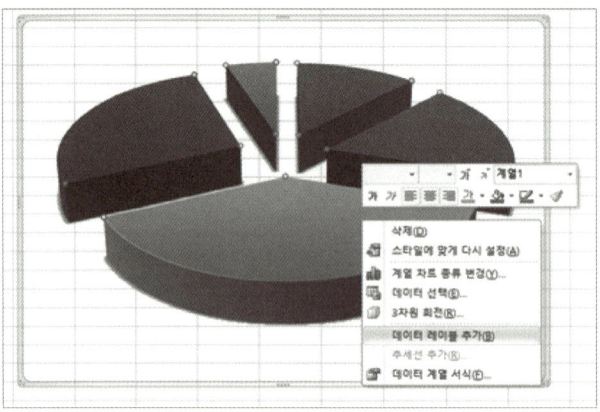

5.3 상대적으로 비율이 높은 부분을 화면 상단부에 위치 시키기 위해 "그림 영역 서식…" 메뉴의 "3차원 회전" 부분을 통해 X, Y, Z 축 각도를 조정하여 그림처럼 배치한다. (X : 150, Y : 50, Z : 0)

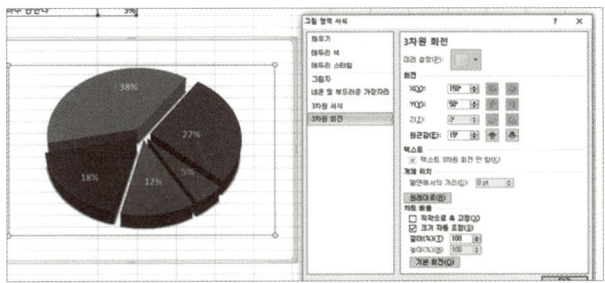

5.4 강조하고 싶은 부분을 파이차트 부분(화면 중 빨간 차트 부분)을 마우스로 드래그(끌어내기)해서 튀어나오도록 만든다.

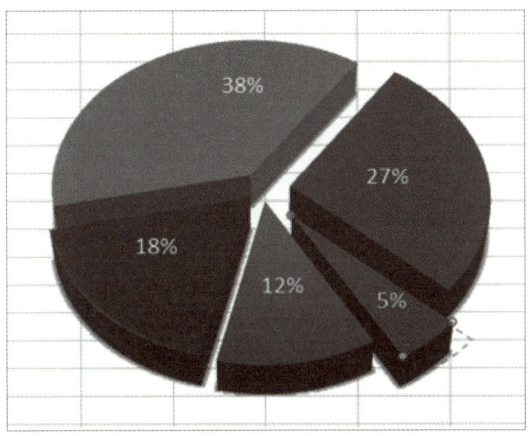

6. 엑셀의 차트를 복사(Ctrl-C)해서 파워포인트에 붙여넣기(Ctrl-V) 한다.
(이때 "붙여넣기 옵션"에서 "원본 서식 유지 및 통합 문서 포함"을 선택해야 엑셀에서의 색상이 그대로 보존된다.)

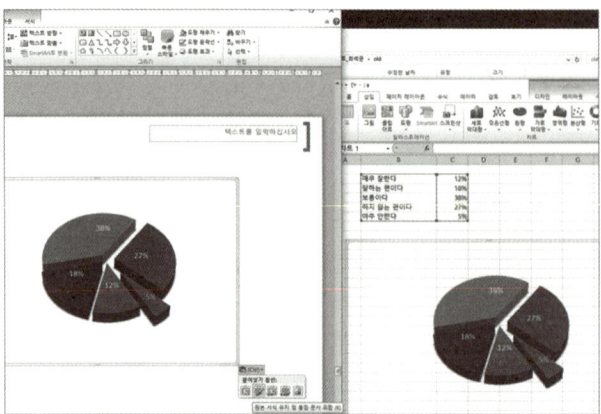

7. 파워포인트에서 적당하게 도형, 텍스트를 삽입하고 크기, 색상을 조정한다.

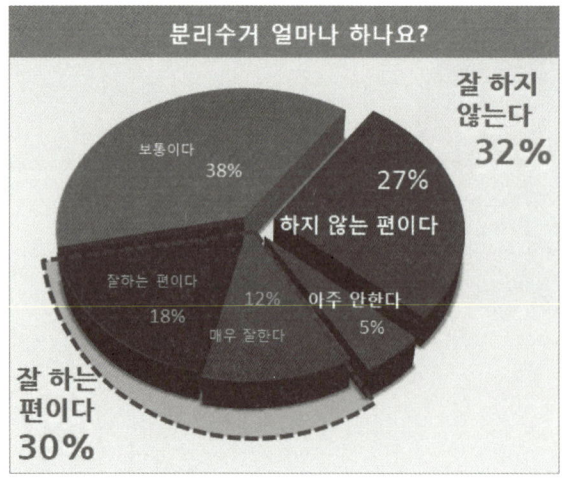

☆ 유투브 동영상 추출하는 방법

1. 필요한 유투브 동영상을 사이트에서 검색한 뒤, URL을 복사한다.
(아래 그림에서는 "https://www.youtube.com/watch?v=RIva_v5RWxM")

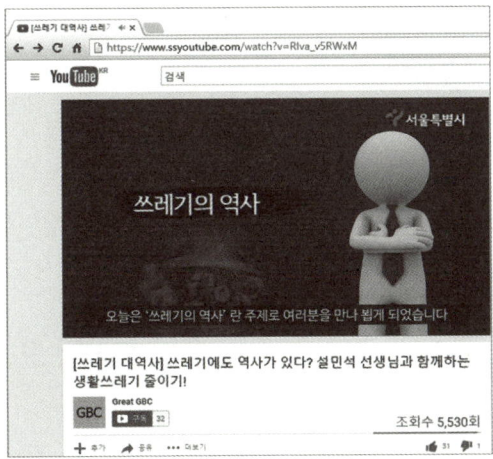

2. 복사한 URL의 "youtube"단어 앞에 "ss"를 붙힌 뒤 인터넷에서 접속한다.
(이 경우에서는 "https://www.ssyoutube.com/watch?v=RIva_v5RWxM")
==> savefrom.net 이라는 사이트에 접속하게 된다.
"Download" 버튼 옆에 동영상 해상도를 선택하고 (720p 정도가 적당) "Download"를 눌러서 동영상 파일을 적당한 폴더에 저장한다.

3. 동영상 편집툴을 통해 필요한 부분만 잘라낸다. (네이버 등의 사이트에서 "동영상 편집"으로 검색하면 많은 무료 소프트웨어가 있다.)

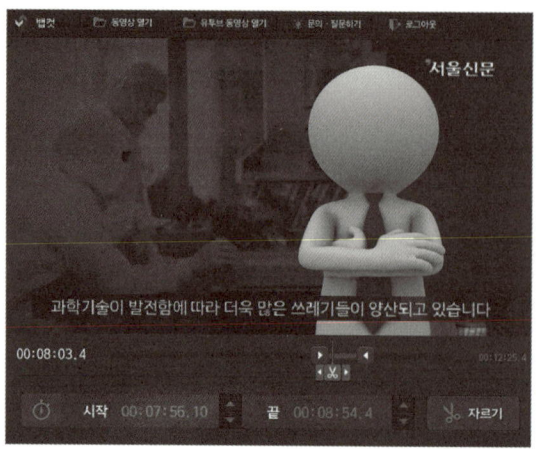

4. 편집한 동영상을 파워포인트에 넣는다.
[삽입탭]-[비디오]-[비디오 파일…]

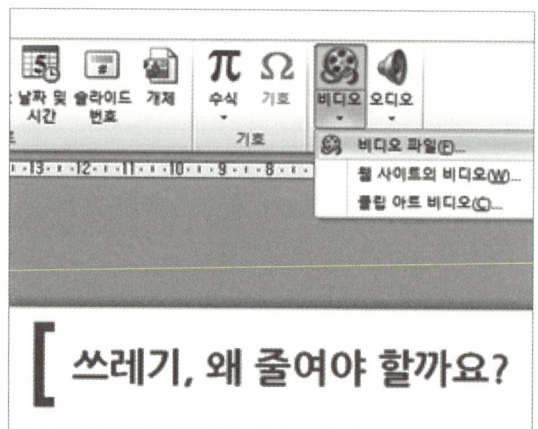

이때, "비디오 삽입" 대화상자가 열리고 "삽입" 옵션에서 "삽입"과 "파일에 연결"이 있다. "삽입"은 동영상을 파워포인트 파일 내에 삽입하는 걸 의미하고 "파일에 연결"은 파워포인트 파일과 동영상 파일이 별개로 존재하며 연결만 해주는 걸 의미한다. 만약 다른 곳에서 파워포인트 발표를 하기 위해서는 "삽입"의 경우 PPT 파일 하나로 충분하지만 "파일에 연결"은 PPT 파일과 동영상 파일을 같이 갖고 있어야 한다. (같은 폴더에 있어야 함)

하지만 "삽입"의 경우는 대용량의 동영상 파일 때문에 PPT 파일의 용량이 너무 커질 우려가 있다. (메일 첨부 용량 제한 때문에 보내기 힘들 수도 있다.)

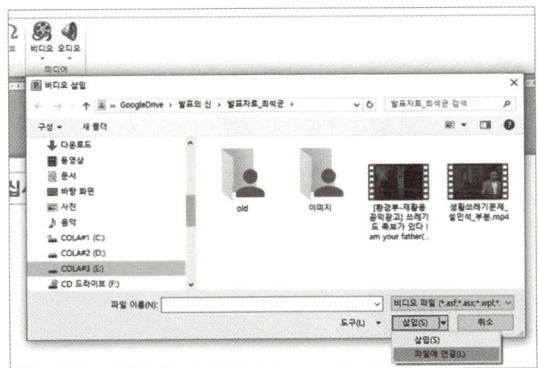

5. 동영상이 삽입된 장표에서 동영상 Play의 타이밍 등 옵션을 조정한다.
[애니메이션 탭]-[애니메이션 창]-[타이밍…]

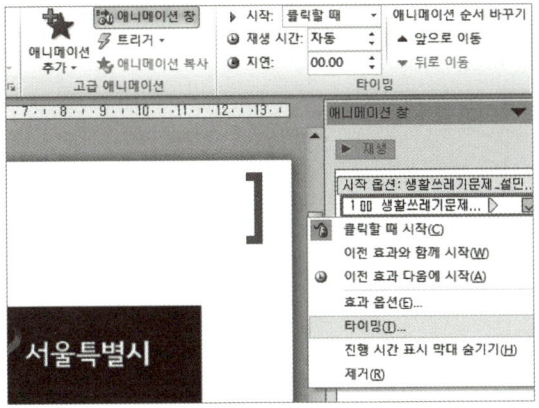

기본적으로는 해당 동영상을 클릭해야 동영상이 Play 되지만 해당 페이지에서 하기 위해서는 "마우스 클릭 시 애니메이션 시작"을 선택해야 한다. (특히 프레젠터 등을 통해 발표 시 화면 페이지 넘김을 하는 경우 해당 동영상을 클릭해야 Play 된다면 발표의 흐름이 깨질 수 있으므로 "마우스 클릭 시 애니메이션 시작" 옵션을 체크하는 게 좋다.

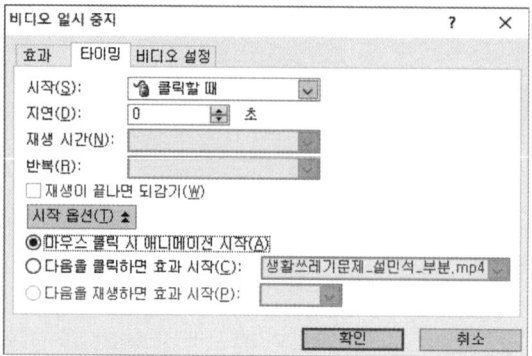